李世民传

张秀玉 著

长沙 · 岳麓书社

序

唐太宗李世民，是中国历史上以明君形象深入人心的皇帝之一。虽然唐朝开国皇帝是高祖李渊，但开国之初平定天下以及迅速恢复生产，实现“贞观之治”，主要是李世民的功劳。

李世民生于隋文帝开皇十八年十二月（599 年 1 月）。他出身贵族，八世祖李暠建西凉国，祖父李昞为北周柱国大将军，父亲李渊承袭唐国公，母亲窦氏为鲜卑贵族。他于大业九年（613）结婚，娶洛阳长孙氏。而后入屯卫将军云定兴军营，屡以奇计建功。大业十三年（617），各地豪杰纷纷起兵。李世民通过裴寂劝说父亲李渊造反，五月自晋阳发兵，十一月打下长安。李家的军队从三万人扩充至二十余万，其中李世民所率军队在渭北收编多路关中豪强，围长安时已有十三万之众。

李氏父子自大业十三年起兵，至武德五年（622）基本平定天下，进行了长达六年的征战。取长安后的次年（618），李渊自立国号为唐，年号武德，留太子李建成镇守长安，命秦王李世民征战南北。武德元年至武德五年，李世民先后战胜了薛举、薛仁杲父子、刘武周与宋金刚、王世充、窦建德、刘黑闼等势力，基本完成对内的武力收服。武德九年（626）六月，李世民发动玄武门之变，杀太子李建成与齐王李元吉。八月，李渊退位，李世民登基。次年改元，年号贞观。

李世民的一生充满了矛盾。首先，宽厚爱民与穷兵黩武并行。武德九年，李世民释放后宫及掖庭的宫人，任其婚配。他执政期间，力行轻徭薄赋，十三次减免农民赋役。然而，他发动对高丽的征战，并不是很有必要，李大亮、褚遂良、房玄龄都极力反对。他的亲征耗费了大量国帑，牺牲了许多将士，却未完全制服高丽。而贞观末的三百多万户人口，比起隋朝鼎盛时期的九百万户，还差得很远。同样，贞观十四年（640），李世民以二十万人远征七千里，灭高昌，再征讨焉耆、龟兹等国，耗费巨大。史书虽称贞观之治，实际上衣衫褴褛者比比皆是。

其次，慈爱深情与狠毒暴虐并存。长孙皇后于贞观十年（636）病逝，李世民为她修建了气势宏伟的昭陵。因为常常思念，他就在宫中筑了高台，时常登台眺望。直到魏徵讽谏后，才将其拆除。女儿晋阳公主十二岁就去世了，李世民食不下咽，每天悲悼数十次。大臣劝慰，他说："我也知道悲伤无益，可还是忍不住啊！"在高丽带兵打仗时，李世民在写给儿子李治的信中说："见不到你的书信，我难过得想要去死。一得到你的手书，忧虑顿时解除，简直是死而复生。以后你要是有头疼脑热，都要告诉我。"他在信中说"忆奴欲死"，这在古代是很少见的父亲对儿子思念的表达。可是在武德九年的玄武门之变中，他设计杀了长兄李建成和四弟李元吉。为斩草除根，次日又派人将李建成的六个儿子和李元吉的五个儿子全部杀掉，李元吉最小的儿子还在襁褓中也未能幸免。

再者，英明神武与狭隘昏聩皆有。李世民手下的许多猛将能臣都是从敌方获得的，如尉迟敬德原是刘武周手下；魏徵原是李建成部下，在李建成被杀后归顺李世民；李靖原是隋朝旧官，被俘后归顺；屈突通原是隋大将；秦叔宝先是隋将，后又在李密、王世充手下为将。这些曾经的对手能为李世民所用，且忠心耿耿，为他打江山立下汗马功劳，这与李世民的知人善任、英明神武是分不开的。

如贞观十九年（645），李世民亲征高丽，命令房玄龄、褚遂良等人留守长安，辅助太子监国。不久，有一个官员找到房玄龄，称要向皇帝举报大臣谋反。房玄龄问："你告的是谁？"那人说："房玄龄。"房玄龄不敢隐瞒，立即派人将告状的官员送到洛阳行宫。李世民一听来人要告房玄龄谋反，只说了一句话："推出去斩了！"然后下旨给房玄龄："以后再碰到这类事情，你直接处理就行了，不必禀报我。"这种信任极大地激发了部下的效忠，可是他的昏聩之举也时常出现。如贞观二十二年（648），因为一个"女主武王"的传言，就找理由把立下很多战功的左武卫将军、小名"五娘"的李君羡杀了。张亮、刘洎、卢祖尚等人之死也同样冤枉。晚年时，他信任方士，服食丹药以致病情加重，更是与英明形象相去甚远。

除了这些，李世民还有很多其他特点，比如说既有胆识过人、知错能改、坦诚守信等优点，又有骄纵、自负、易怒等缺陷。应该说，每个在历史中真实存在过的人物都是复杂的，尤其像李世民这样一生波澜壮阔的英雄，后人对他的认知与历史真实到底相差多远，可能并不好判断。

本书主要参考了《旧唐书》《新唐书》《资治通鉴》《贞观政要》等史书，以李世民的生平事迹为主线，一事一篇，一题一议，逐章做个性化解读。全书共分八章，尽可能涵盖李世民一生的经历。笔者希望此书既有知识性，又有趣味性，能对读者有所启发。

张秀玉

目录

第三章　血泪悲欢——齐家之道

第四章　大勇若怯——治国之道

第五章　恩威并施　安定四夷

第六章　知人善任　名臣辈出

第七章　洞悉人性　攻心为上

第八章　李世民的“灰色”面孔

第一章　浴血奋斗　登极权力巅峰

文武双全的“官N代”

客观地说，人并非生而平等。有的人出身富贵，有的人出身贫寒。出身富贵的人，有庞大的家业可以继承；出身贫寒的人，只得赤手空拳辛苦打拼。

李世民出身于陇西贵族世家。八世祖李暠建西凉国，即西凉武昭王；六世祖李重耳做过北魏的弘农太守；曾祖李虎在北魏时被封为陇西郡公，后被追封为唐国公；祖父李昞北周时袭爵为唐国公，任安州总管、柱国大将军；父亲李渊七岁时就承袭唐国公。

李世民的母亲窦氏出身鲜卑贵族，其父窦毅北周时官拜大将军，封神武郡公，隋朝时为定州总管。据说窦氏出生时头发长过颈，三岁时就飘然接地。由于女儿自幼聪颖异常，识见不凡，窦毅选了一个很奇特的择婿方式：在门屏上画了两只孔雀，求婚者每人给两支箭，能从门屏后射中孔雀双目者为胜。据说李渊赶到时前几十人都没有射中，而李渊两箭发出，各中一目。

李世民出生在京兆武功，在今天的陕西咸阳武功县，时为隋文帝开皇十八年（599）十二月。据说他出世时，户外有祥龙盘旋，并且大家都没有听到孩子的哭声，这个刚出世的孩子睁着眼睛静静地看着世界，全无惊恐。

李世民有一个哥哥李建成，两个弟弟李玄霸、李元吉，还有一个姐姐平阳公主。他们都是窦氏所生，其中李玄霸早夭，他即“说唐系列”故事中李元霸的原型。李建成长李世民十岁，在后来平定天下的征战中，兄弟俩并肩作战，打了不少胜仗。

李渊武功高强，窦氏家也崇尚勇武。因此，李世民从小就喜爱舞枪弄棒、驰骋猎场。李世民生来即有神力，擅长使用强弓。做了皇帝后，李世民曾说过，自己少年时就爱好射箭，自认为已经穷尽其技。但是李世民并非只有匹夫之勇，他自小就继承了父亲的深沉持重和母亲的远见卓识。李世民从少年时就对兵法颇感兴趣。曹操注的《孙子兵法》他能倒背如流，与李渊谈论作战用兵也颇有见解，令李渊大为高兴。不仅如此，李世民少年时期就已经表现出了过人的胆识，他处事果断刚毅、深谋远虑，十几岁就广交天下豪杰，开始谋划天下。

李世民与父兄谋夺天下的成功当然与家族的实力有重要关系。李渊手握一方军政大权，家业庞大，一树反旗即有一支颇具规模的军队。但当时天下有实力反隋的队伍多得很。说书人常称“十八路反王，六十四路烟尘”，实在一点都不夸张。在这段历史中，出身平民的窦建德、刘黑闼、翟让失败了，出身世家大族的宇文化及、李密等人也失败了，成功平定群雄笑到最后的，只有李世民和他的父兄！这难道只是偶然吗？

初从军旅露峥嵘

隋大业九年（613），李世民娶了洛阳的长孙氏。长孙氏尚文，而李世民崇武。两年之后，李世民应征入伍，来到左屯卫将军云定兴的军营，开始了自己的军旅生涯。当时，天下仍处于动荡之中，隋炀帝发动了第三次征讨高丽的战争。同时，国内的起义军此起彼伏，山东、河北有窦建德的义军，江淮有杜伏威的义军，河南有翟让、李密的瓦岗军。这是一个英雄辈出、大浪淘沙的时代！

大业十一年（615）八月，隋炀帝巡视北部边境，突然遭到突厥的围攻。雁门郡四十一座城有三十九座被突厥攻占，隋炀帝被始毕可汗率领的数十万骑兵包围在雁门城中。城内当时有军民十五万人，粮食只能支撑二十天，形势危急。当时，李世民跟随云定兴出征。入夜，他来到云定兴的营帐，提出了一个大胆的疑兵之计："现在的局势，始毕可汗既然敢举兵包围天子，一定认为我们的援军仓猝间不能及时赶到。白天我们可以把旌旗举起来，延绵数十里，晚上令士兵敲起战鼓响应，敌人一定认为救援大军到了，必定会望风逃遁。如果硬拼，敌方兵多，摆开阵势作战，我们一定难以久持。"云定兴采纳了这个建议，果然突厥中计，引兵北还。此次解雁门之围，李世民初露头角，展示了自己善于谋略，胆识过人的一面。在后来的戎马生涯中，李世民多次运用疑兵之计，到了危急关头，更是敢用险计。

大业十三年（617），李世民随父亲李渊起兵太原，进入关中后，李氏父子面临的第一场硬仗就是打霍邑。当时守霍邑的是隋朝虎牙郎将宋老生，此人武艺高强，麾下有精兵两万，且霍邑城坚池固，要想取胜殊非易事。李渊与裴寂商议，不如返回太原以后再做打算。李世民谏言道："我们本是兴大义救苍生，当先入咸阳，号令天下；遇到小敌就班师，恐怕跟从起义的队伍一下子就散了。回去固守太原一城，这是自甘做贼，怎么能自全呢？"李渊并没有接受他的建议，下令部队后撤。李世民便在营外放声大哭。李渊听到哭声便把他叫进来问话，他回答说："如今兴义兵，进则必克，退则必散。众散于前，敌迫于后，死期很快就到了，所以悲伤。"李渊恍然大悟，于是停止撤军。

劝说老爸"造反"

世上有才华的人太多了！为什么有的人能建功立业，名扬天下，有的人却庸碌无为，黯然向隅呢？无他，只在于能否抓住机会，勇于行动而已！

李渊当时为隋朝重臣，天下虽乱，但隋朝待他不薄，是效忠君主，还是加入逐鹿天下的队伍呢？对李氏父子来说，这是一个重大的抉择。李渊是一个城府极深的政治家，在起兵之前，他就已经做了相当充分的准备。大业十三年（617），李渊任太原留守。因为李世民军事才能显著，李渊将其带在身边。由于太原是隋朝北方门户，与突厥相邻，时常有战事，将李渊置于太原，是隋炀帝对李渊的重用。但是，隋炀帝又不那么放心李渊。反隋的大臣太多了，何况当时礼部尚书杨玄感起兵刚被镇压下去。于是隋炀帝给李渊派了两个副手，一个叫王威，一个叫高君雅。这两个人的任务其实就是监视李渊。

往日天下太平的时候，李渊也是一心想在事业上好好奋斗，努力光大家业。夫人窦氏生前就劝他讨隋炀帝欢心，将自家豢养的鹰犬进贡上去，以此博得皇帝的信任。可是隋朝的江山眼看已是风中残烛，李渊也不能没有想法。更何况他还有一个雄才盖世的儿子李世民，不走自夺天下的路恐怕是不可能的。

李渊把李世民带到太原后，李世民表面上似乎天天走马斗狗，悠游市井，实际上，他广结豪杰，积极招才纳贤。这一时期，长孙顺德正在太原避事。长孙顺德是李世民的妻子长孙氏的本家叔父，在隋朝时任右勋卫，为逃避辽东战役，他从军中偷跑出来，躲到太原。既有亲缘，又有军事才能，于是他成为李世民重点拉拢的对象。还有刘弘基，其父刘升是隋河州刺史，他好侠仗义，与长孙顺德类似，大业末年，为了躲避延误军期的处罚，故意私宰耕牛，被关进监狱。刘弘基出狱后，亡命江湖，后投奔李渊。他见李世民气度不凡，便主动与之结交。

李世民与刘弘基关系密切，两人每天睡在一起，出门还并排骑马。后来，长孙顺德和刘弘基都成为李渊晋阳起兵的主要将领。

李世民结交的豪杰中还有一个很重要的人物——刘文静。刘文静曾任晋阳令，其人身材魁梧，相貌不凡，才干突出，颇有远见卓识。他对李世民在晋阳的活动观察入微，揣摩细致。刘文静是李密的亲家，因当时李密反隋，刘文静连坐入狱。

一日，李世民来到狱中，刘文静对此并不意外，只是微微一笑。李世民低头便拜："求与贤者论天下！"刘文静早就等着这一天，于是相与谈论天下大势，谋起兵制胜之道。这时，李世民仍不能自主起兵，因为李渊一直对此保持沉默。李世民多次或暗示或明言，要父亲反昏君、行王道，均被李渊厉声制止。怎么才能使父亲举起反隋大旗呢？刘文静建议道："晋阳宫监裴寂与你父亲关系非同一般，不如先说服裴寂，再让他劝说你父亲。令尊极少对人信服，唯独对裴寂信赖异常，可以一试。"李世民沉吟片刻，微微颔首。

裴寂爱好赌博，李世民便拿出几百万钱，交予龙山县令高斌廉，让他跟裴寂赌钱博戏，又故意输给他。裴寂大为高兴，不久李世民也成了裴寂的座上宾。一天，李世民抓住机会，对裴寂说："当今天下，主上无道，年年征伐，税重役繁，以致百姓流离，人民倒悬，士当无为乎？"裴寂点头称是，说："人无远虑，必有近忧。社稷已在风雨飘摇之中，不另有所图，只怕最后想求自保也不可得。”李世民道：“我父子居太原，虽然手握虎符，然而皇帝多有猜疑，如何是好?”裴寂答道：“自然不可不早做打算。”李世民于是说：“只是父亲迟迟不能下决心。现在情势益加危急，大业十二年以来，突厥屡次南犯，父亲与马邑太守王仁恭合力抗敌。可是胜败无常，皇上曾下令将父亲押解江都受审，幸又撤旨。而今坊间又谣传李姓夺天下，皇帝下令诛杀右骁卫大将军李金才全家三十多口。我父子安危也是悬于一线!”裴寂点头道：“确实再延误不得，我当尽力劝说李公。”

由于起兵之事关系到李氏全族的存亡，李渊非常慎重。裴寂对李渊分析了天下形势以及自身进退，认为如今若守小节，旦夕死亡；若举义兵，必得天位。李渊长叹道：“我儿世民确有此意，既然你们主意已定，可以听从。”

李氏父子终于迈开了夺取天下的第一步，李世民也有了施展抱负的广阔空间。成功者必能积极行事，于此可见一斑。

当时隋朝尚在边境作战，不断从全国各地征兵。李世民趁机发出假诏，称国家为抵御外敌，需征募兵勇，在太原、西河、马邑征发二十岁以上，五十岁以下的壮丁，于年末在河北涿郡集合，准备攻打辽东。隋炀帝执政时期，兵役、徭役一直未断，百姓不堪其扰，这一诏令果然造成民间人心浮动，谣言四起。不久，马邑人刘武周起兵，杀了太守王仁恭，又举兵进犯太原。于是，李渊父子趁机借镇压刘武周之名大量招兵买马。当时，李渊身边的副留守王威、高君雅虽觉不妥，但也只得同意李渊扩军靖边。这次，李世民通过在太原结交的豪杰征募到上万兵勇，这支军队成为李氏父子起兵的重要力量。

李渊父子紧锣密鼓地招兵买马，太原城内一派热闹景象。招兵意在平乱，但这时王威、高君雅已经觉察出问题：若是李渊趁机举兵兴乱，那么后果就不堪设想了。二人觉得此时密报皇帝未必能挽救局面，而李渊手握兵权，如何才能制乱于未发呢？此二人也是智谋之士，他们商议：趁这一年太原大旱，策划一场祈雨活动，地址设在太原城外的晋祠，让李渊离开自己的府邸赴会，然后，当众宣布其谋反事实，将他就地正法。这个计策不可谓不高明！王威、高君雅一番密谋之后，开始布置起来。

然而，百密一疏，王、高二人万万没有想到，他们身边就有李世民安插的卧底。当他们安排人手准备埋伏时，一人未经通报就走了进来。此人就是当时的晋阳乡长刘世龙，他与王威、高君雅一向往来甚密，王威、高君雅也没有把他当外人。刘世龙见府中人来人往，个个神情紧张，仔细打听，得知原来是在安排祈雨事宜。他见情况不妙，未等与王、高见面就赶紧退出，径直向李渊府中奔去。其实，刘世龙早就是李世民结交的对象，他对李家父子的志向清清楚楚，并且热心支持，与王、高二人的结交，当然是有意为之。李世民听了刘世龙的汇报后大吃一惊，赶紧向李渊报告。李世民对父亲说："如今之计，要么束手就擒，要么趁机杀掉王威、高君雅，另找名目举兵起义。"

李渊问："那又以何名目杀王威、高君雅呢？"李世民微微一笑："我已有安排。"李渊说："务必令将士信服，民心齐聚啊。"李世民说："我正有极好的理由。刘武周造反，引突厥大军犯境，我们何不诬称王威、高君雅二人暗通突厥，先将他们擒住，然后在城内悬首示众，并历数其通敌之罪，布告民众，既安民心，又可清除枕畔之刺。"李渊点头："果然稳妥！务要挑选精悍可靠之人。"

李世民平时在太原结交的豪杰之士，此时恰好派上用场。于是，这边王威、高君雅安排人手打算埋伏在祈雨坛边；而另一边李世民已经提前动手，安排了大批士兵将晋阳宫团团围住。五月甲子清晨，李渊与王、高二人在处理政务时，刘文静叫出开阳府司马刘政会，对他说："有密状，告谋反。"不一会儿，刘政会拿着密状交给李渊，李渊一看，原来是告王威、高君雅谋反，于是立即下令将二人逮捕，二人还想辩白，埋伏在后边的长孙顺德、刘弘基等人一跃而上，将他们控制住。

一切皆按照李世民的计划顺利进行。不久，太原城内便贴满了清除内奸的布告，戍守边疆、杀敌卫国的宣传也布满街巷。太原民众见杀了通敌官员，同仇敌忾之心高涨，报名应募之人源源而来。

自晋阳宫之变，李氏父子正式举起反隋的大旗。李氏父子看似被动，起兵是为保命而不得已的行为，事实上，他们正是借助了这一机会起兵。英雄善乘势，须得如此，才能成就大事。看似迫在眉睫的危机，只要有充分的准备，有坚强的决心，便会转化为成就自己的可用之势。

李世民浑身是胆

李氏父子目标明确，率军直奔长安。当时，隋炀帝杨广在江都，正在为镇压各地起伏不断的叛军焦头烂额。太原到长安一带，正好兵力空虚。除了在霍邑打宋老生颇费力气，李氏父子并未遇到太大的阻力。直到打河东郡时，遭遇隋朝大将屈突通的力阻，一时无法攻下。李氏父子决定率主力绕开河东，先打长安，只留小部分兵力围城而守，只要攻下长安，河东就成了孤城，可不战而得。事实证明，这一决定是正确的。兵贵神速，从大业十三年（617）五月起兵，到十一月攻陷长安，仅用半年时间，李唐的军队从三万人，扩大到二十余万。李世民所率军队不过数万人，平定渭北诸县，一路招兵买马，收编了多路关中豪强，围长安城时，已有十三万之众。

李世民此时被封为秦国公，手下有刘文静为司马，裴寂为长史，又收了房玄龄，任其为参军。虽然手拥重兵，又多良将谋臣，李世民并未有丝毫骄横自傲之气，更没有自恃尊荣，惜命保守。年轻的李世民更多的是孤胆侠气，舍生忘死地冲锋陷阵，带头杀敌。由于志向远大，他不会因暂时的成功而自满骄狂。因为有少年刚勇的血气，他才能将杀敌制胜的决心和意志传达给将士。在乱世，惜命是必须的，但在扫荡天下的残酷战争中，怯懦并不比刚勇更能保存性命。在马上打天下的李世民，当然深谙此理，而且，他是最敢于掠阵，甚至贯阵的主帅。

打下长安之后，李世民面临的首场重大战役就是攻打薛举、薛仁杲父子。薛家父子起于陇右，兵强马壮，听说李渊占了长安，便于大业十三年（617）十二月大举进攻，带精兵十万包围了扶风郡城。李世民带兵大破之。次年五月李渊称帝，薛举又举兵入侵。七月，双方对垒于折墌。这一仗，李世民恃众轻敌，被薛举的骑兵从背后包抄，损失了大半的兵力，率残部狼狈地逃回长安。九月，李世民再率部来攻。这一次，他不敢轻易出兵，而是与薛仁杲对峙六十余日，直到十一月，对方粮尽，人心涣散，时有将领前来投降，李世民才着手安排进攻。他命令行军总管梁实在高墌城北的浅水原设营守阵，敌军大将宗罗睺急忙来攻，梁实据险死守，宗罗睺一时急攻不下。李世民又派出庞玉在浅水原南面布阵诱敌，就在庞玉军将要溃败之时，李世民率领精锐突然出现在原北，与庞玉一同对敌军形成夹击。宗罗睺拨马向北欲迎击李世民。此时，李世民亲率数十骁骑冲进宗罗睺的阵中，左劈右砍，直入阵心。唐军一时杀声震天，士气高昂，敌军很快溃不成阵，死伤无数。后来，宗罗睺残部逃到折墌城，折墌为薛仁杲所守。李世民率二十余骑追至城下，薛仁杲大惧。至晚，李唐各路大军相继赶到，四面合围。次日清晨，走投无路的薛仁杲率部投降。这样，李唐政权的西北方威胁被彻底消灭了。

浅水原之战是李唐平定西北最为重要的一仗。李世民的坚壁方针，以及先据浅水原坚守，再南北夹击的策略都极有效地控制了战场局面。在对阵作战时，李世民身先士卒，奋力杀敌，敢于贯阵。两强相遇勇者胜，这是不变的法则。此次作战，李世民的天赋神力和娴于弓马骑射的技艺都得到了淋漓尽致的发挥。

李世民有一支玄甲队，挑选一千多精锐骑兵组成，分为左右队，士兵全都着黑衣铁甲，分别由秦叔宝、程知节、尉迟敬德、翟长孙等猛将带领。每次打仗，李世民都亲披玄甲作为先锋，无坚不摧，所向披靡。有一次屈突通、窦轨与王世充猝遇，交战不利。李世民率玄甲军前去救援，把王世充打得大败。

李世民在打仗时，常常冲锋在前，从千军万马中纵穿敌阵。淮阳王李道玄对此非常羡慕。打刘黑闼时，李道玄率领三万人进攻。他对副将史万宝说："我先带领轻骑冲敌阵，你带大军随后压上。"结果，李道玄冲入敌阵之后，史万宝竟然按兵不动，对左右亲信说："我奉皇帝手敕，淮阳王年幼无知，军事上都听老夫的。现在淮阳王冒险妄进，我要是和他一起上，肯定跟他一起死了。不如拿他喂敌。等他败了，刘贼一定争着向前冲，我们布好阵等待，就能破敌了。”于是李道玄带着左右骁骑冲阵，却无大军跟进，最终李道玄被擒遇害。虽有史万宝勒兵备战，可是士卒见主帅已死，全无斗志，最终被刘黑闼打得大败，史万宝独自逃归。李道玄曾多次跟随李世民出征，死的时候年仅十九岁。李世民痛惜万分，对人说：“道玄常跟我征伐，见我喜欢深入敌阵，心里羡慕才去效仿，以至如此。”说着流下泪来。李世民自起兵以来，前后数十战，常常身先士卒，轻骑深入，虽然多次处于危险之境，却能转危为安，也真是应验了那句话：“我有天命，方为天下主，岂有浪死。”

占领了长安的李渊并没有立即称帝，因为实力不足，他不想引火烧身。于是先立镇守长安的代王杨侑为隋恭帝，而尊称远在江都的隋炀帝为太上皇。这时的李家父子实际控制的地区仅有河东至关中地区，虽先占长安，但要平定天下，还有很多硬仗要打。这一打就是七年！618年，李渊废杨侑，自立国号为唐，年号武德，从武德元年至七年，皆是平定天下的战事。这七年里，太子李建成坐守长安，处理政务。秦王李世民带领军队东征西讨，建立了赫赫功勋，这也留下了未来功高盖主、夺兄皇位的隐患，成为日后玄武门之变的重要诱因。

俗话说种瓜得瓜，种豆得豆。辛苦耕作者，当然会要抱收获的希望。李世民带领将士出生入死，不仅是为李家打天下，也是为自己积累实力。当他的实力壮大到一定程度时，就可以按照自己的愿望谋事了。平刘武周一役，可以说是李世民耐于苦战的经典战例。

李家父子在攻打长安时，刘武周依靠突厥，占据着太原以北的地区。当时，太原由齐王李元吉镇守，他拥兵数万，粮草丰足，坚守并不困难。然而，李元吉军事经验相当不足。武德二年（619）四月，刘武周手下大将宋金刚带两万兵马攻下太原附近的榆次县，五月、六月，又接连攻下平遥、介州，一路高奏凯歌。接着，刘武周进攻太原，李元吉惊慌失措，竟趁夜弃城逃奔长安。李渊闻讯大惊，长叹："太原是我起兵之地，帝王基业恐怕就毁于此儿手中了。"当时群臣商议，刘武周兵多将广，锐气正劲，与之争胜恐怕难图，不如放弃河东，退守关中。李世民坚决不同意，他向李渊上表说："太原是王业的根基，国之根本，河东殷实，是长安的依靠。如果放弃，儿臣窃愤恨。愿请三万精兵，必能平殄武周，克复失地。"李渊只好将全部希望寄托在李世民身上，将关中兵马全部征调，交其调遣，并亲自送他到长春宫外。

李世民率部由韩城过黄河。时值隆冬，黄河封冻，大军顺利渡河，驻扎在柏壁。此时宋金刚部孤军深入，由介州攻到绛州，与李世民遥相对峙。李世民选择了极为稳妥的办法：深壁高垒，除了夜间掠阵调查敌情，白天均坚壁不出。另外，李世民又密令浩州的李仲文坚守城池。浩州处在太原至绛州的必经之路上，宋金刚的粮草皆依靠这条道路由太原发运。李仲文不负厚望，不仅守住了城池，令刘武周久攻不下，还逐渐控制粮道，阻断了由太原运往宋金刚军队的粮草。

李世民除了十二月间率军攻打夏县附近的美良川，小胜驻扎美良川的尉迟敬德外，其余时间都坚壁不出，双方相持不下。到了次年（620）二月，宋金刚军队已经锐气大减，且粮草渐断，不得不向北撤退。李世民这才发起攻势。这是一场极为艰苦的战斗。四月，李世民攻下吕州，乘胜追击，向北至高壁岭，经雀鼠谷，至介州与宋金刚决一死战。从吕州到高壁岭，李世民率部一昼夜行军二百余里，与宋金刚军队的殿后部队战斗数十回合，将士皆未得进食。紧接着又继续追击至雀鼠谷才碰到宋金刚主力，一日八战，俘敌数万。将士皆劳累不堪，李世民自己也更是久未解甲，虽是极度劳乏，但为了将敌人一举歼灭，李世民仍旧谈笑从容，冲锋在前，给将士们极大的鼓舞。

追到介州后，宋金刚带领城中二万余众背城列阵，李世民则令大将李勣、程咬金、秦叔宝守北，翟长孙、秦武通守南，自己率骑兵抄后。这一仗将宋金刚打得大败，且收降名将尉迟敬德。宋金刚战败后，刘武周被迫放弃太原城，逃至突厥领地，后被突厥杀掉。李唐的北方边境暂时获得安定。

“惟贤惟德”能服于人

当统治者暴戾无道时，总会有不堪压迫的民众起来反抗。隋末起义队伍太多了，不仅有农民义军，也有许多地主豪强，还有来自统治阶层的权贵。豪杰乘势而起，推翻旧政，本无所谓谁更正义，但是，谁更能争取民心，得到民众拥戴却大有差别。得到民众拥戴不仅可以迅速招募到兵勇扩大队伍，而且可以较快征集粮草获得补给，并奠定政权建立以后长治久安的基础。作为一位有远见的统帅，李世民深谙此理。

在带兵征讨的过程中，李世民严肃军纪，与民为善，并多次赈灾助民。太原誓师以后，首战西河，李建成与李世民带兵出征，就对军纪做出了严格规定。兄弟俩事事以身作则，与士兵同甘共苦。当时士兵大多是农民，不熟悉军纪，有的士兵私自摘食路边瓜果，李世民就找到主人赔偿，并不责罚士兵。士兵们深受感动，对主帅心悦诚服。

李家军队所至之处，一概减免赋役，开仓赈民。西河之战胜利后，李世民开郡仓赈民，远近的百姓奔走相告，纷纷响应唐军。军队渡过黄河进入关中以后，取永丰仓赈民。永丰仓是隋朝四大粮仓之一，也是关中地区最大的粮仓，储粮数百万石。天下穷困已久，当时饿殍满地，闻说李世民开仓济民，一时间，附近的义军蜂拥而至，加入唐军的百姓也是数不胜数。李世民“取永丰仓以赈穷乏，收群盗以图京师”的谋略顺利实现。对于沿途所遇宫苑，李世民一概不取，宫人全部任其离去，放还亲属。七十岁以上的老人，皆由政府供养。这些安民政策极大地安抚了占领地区的人心。

李世民带兵围剿宋金刚时，在柏壁驻军五个月。此前裴寂与宋金刚作战兵败，惊恐之下竟在当地实行焚烧政策，导致附近百姓皆以为李唐军队是贼匪。李世民到柏壁后，竭力安抚百姓，发布教令，与民休息，然后才开始征粮。

对于倚重的文臣武将，李世民从来不吝奖赏。赏赐之物不仅有金银玉帛、良田婢女，还有官位、荣誉，以及信任。李世民在征讨天下的过程中，接纳了不少敌方阵营中的良臣谋士和骁勇善战的将领。如尉迟敬德，在宋金刚战败后投降李世民。李世民发现他武艺过人，且忠勇善战，立即任命为右一府统军。尉迟敬德对此感激不已，不仅没有发生如众人所担心的谋反之事，而且在此后的作战中立下赫赫战功。尤其是在对王世充一战中，他将李世民从单雄信枪下救出。对臣子而言，君主的信任便是最大的奖赏。

功成何惧万骨枯

史家描写明君总是极力美化其各方面的品行，这与儒家宣扬的“得道多助，失道寡助”的道理密切相关。可是，什么是“道”呢？顺应天时，得到百姓拥护就一定会成功吗？世事并非如此简单。一旦将目的定为成功的时候，“道”恐怕只是个幌子。大金国横扫北方之时，不曾得到北宋百姓的支持，还是一样灭亡了北宋。清兵入关，铁蹄之下的凶残可谓罄竹难书，扬州十日、嘉定三屠，可以说罪恶滔天，百姓对清兵恨之入骨，可是，清朝还是顺利得了天下。虽说得人心者得天下，但有时却是得天下者得人心。“兴，百姓苦，亡，百姓苦”，要建立武略之功，杀伐必不可少。

这在李世民身上也不例外。武德三年（620）五月，李世民平定刘武周后，领军从晋州南归，经过夏县。之前，夏县曾遭裴寂焚烧，吕崇茂领着苦不堪言的民众造反，曾策应向南攻打李唐的刘武周。当时刘武周手下部将尉迟敬德派兵支援吕崇茂，裴寂攻吕崇茂不胜。李渊就暗中派人送信给吕崇茂，封他为夏州刺史，让他暗中对付尉迟敬德。消息走漏，尉迟敬德杀了吕崇茂。后来吕崇茂的故旧重新聚集，盘踞在夏县城内。李世民率大军轻松攻取夏县，然后屠杀了已投降的吕崇茂旧部，一时血流成河。究其原因，仅仅是怕“生后患”。

武德四年（621），河北农民义军窦建德败于李唐，由于李唐官吏对河北原窦建德政权官吏严刑拷打，引起再次反叛。窦建德的旧部刘黑闼率残部与李世民在洺水决战。李世民事先派人堵住洺水上游，待刘黑闼军队涉水作战时决开洺水围堰，大水奔流而下，水深丈余，刘黑闼军队有数千人淹溺死亡，唐军斩首万余级。

就刘黑闼与李唐之间的战争而言，胜败完全是由实力决定的，而非民心向背。刘黑闼在跟随窦建德打仗时，仅是为谋生。窦建德每次攻克城池后，所获的资财全部分给将士，自己一无所取。他本人的生活也非常简朴，粗茶淡饭，妻子曹氏的生活也同样简朴，手下的婢妾也只有十几人。窦建德在河北享有极高的声望，直到唐末，河北大名县还建有“窦王庙”，当地父老连年祭拜，历久不衰。窦建德兵败后，刘黑闼回乡种菜，因经不起其他人的鼓动兴兵抗唐。相传刘黑闼被杀时，曾感叹：“我幸在家锄菜，为高雅贤辈所误至此！”而且他起兵，多半是由唐军当时在河北的残酷杀戮导致。李建成平定河北后，采用了魏徵的安抚之策，刘黑闼的军队就很快人心涣散，失败踵至。

对于李世民来说，夺取天下的脚步在逐渐加快。李唐的军事实力已经是当时最强的，征战的目标只有一点：胜。以智谋胜敌，以实力胜敌，以争取民心辅助取胜，以杀伐恫吓帮助取胜……铁蹄之下，无辜的性命和流血事件就显得没那么重要了。功成不惧万骨枯——历代的名将或帝王，若是总结其成功经验，恐怕都少不了这一点。

文学馆里养“爪牙”

历史上喜爱养士之人，大都深谋远虑，具有远大理想。李世民天生神力，勇猛尚武，对文学虽有兴趣，但是在东征西讨的战争时期对其并无太多关注。可是，天下可以在马上打下来，却不可以在马上治理。

武德四年（621），李世民已经先后打败了当时几支主要的反对力量：陇右薛举、薛仁杲父子，晋北刘武周及宋金刚，洛阳王世充，河北窦建德及刘黑闼。十月，回到长安的李世民被李渊封为天策上将。天策府可以自置官署，李世民别出心裁，设置了一个文学馆。文学馆广招天下学士入馆，先后入选的有杜如晦、房玄龄、虞世南等十八人，号称“十八学士”。十八学士本身都各有官职，再兼文学馆学士。这些人中，虞世南、蔡允恭、褚亮、薛收、薛元敬、许敬宗以文学著称。孔颖达、陆德明、盖文达、颜相时、姚思廉、李守素不仅学养深厚，又以高尚的操行而闻名。房玄龄、杜如晦、李玄道、苏世长、于志宁、苏勖等人或善谋，或善断，各有所长。文学馆可以说集中了一群文才超绝、学问渊博、善于治理决断的人才。李世民为什么要颇费心思地招揽大量文士呢？很显然，他事业的重心将从武功转向文治。

这些学士被分成三班，轮流到文学馆值宿。李世民给予他们极优的待遇。每天处理完政事，李世民必到文学馆，与学士们促膝长谈，请教天下大事，有时也讨论文章辞句，或者书画典籍。主臣之间好似一群同窗或师友。李世民又令人画了《十八学士写真图》藏于册府，用来标榜对贤人的礼重。当时天下文人都羡慕不已，把进入文学馆称为“登瀛洲”，文学馆俨然成为文人心中的仙境。

当然，李世民如此礼重这些学者并非只为提高个人文化修养，在他从武将到明君的转型过程中，十八学士可以说是居功至伟。

在李世民扫平天下的战争中，房玄龄、杜如晦一直追随左右，为其举荐贤才，出谋划策。尤其是武德九年（626），李世民发动玄武门之变，杀太子李建成、齐王李元吉，取得太子之位，最终登上皇位——所有的策划，房玄龄与杜如晦始终参与其中！十八学士中其他的人也都各有所长，各有功勋。例如，虞世南以德行、忠直、博学、文辞、书法被李世民誉为“五绝”。苏勖出使突厥，威武不屈，捍卫大唐尊严，成为优秀的使臣。

李世民成为太子以后，天策府撤销，文学馆遂散。原来文学馆的十八学士随即被授予重要官职。武德九年八月，李世民登基，尊李渊为太上皇。随后李世民立即设弘文馆招贤纳才。弘文馆就设在皇宫正殿之左，精选天下文儒，令以本官兼署学士，每天有人值宿。李世民在听朝之隙把他们引入内殿，讨论坟典，商议政事，有时候要到深夜才结束。他后来又下诏令三品以上官员的子弟为学生入馆学习。唐初是中国历史上文化大繁荣的时期，取得的成就巨大，这其中当然离不开弘文馆学士们的呕心沥血。孔颖达主修的《五经正义》，陆德明所著《经典释文》，皆是流传千古的儒学经典注本。唐初修八史，将南北朝以来至隋四百多年间多个朝代的更替兴废一一写于史册。八史分别是《晋书》《梁书》《陈书》《北齐书》《周书》《隋书》《南史》《北史》，占了二十四部正史的三分之一，唐朝也成为修正史最多的朝代。领衔修史的有房玄龄、魏徵，十八学士中的姚思廉、蔡允恭、许敬宗也参与其中。

自南朝以来，诗作多柔媚纤丽。隋炀帝极爱作宫体诗，且水平高超，天下翕然响应。所谓宫体，大多以浓艳富丽的语言描写男女情爱，充满了情色意味，有“伤于轻艳”之谓。隋炀帝本人才华横溢，有相当好的诗作，如《春江花月夜》一诗：“暮江平不动，春花满正开。流波将月去，潮水带星来。”其中“流波将月去，潮水带星来”一句精巧细致，意象优美，是古诗中的佳句。但是，隋炀帝治国无方，致使国家灭亡，当时的学者将责任归于他所作的宫体诗，认为是亡国之音。

李世民出身贵族，作宫体诗的习气在天下太平之后也曾偶尔冒出来。有一次他作了一首诗，自我感觉良好，就拿给虞世南看，说：“爱卿也和一首，怎么样？”虞世南接过一看，颜色立变，立即奏道：“皇上所作宫体诗确实很工巧，但是，这种诗体不是诗歌的正格，非雅正之风。而皇上所好，必然使天下的文人跟从，则天下又弥漫亡国之音。隋炀帝的教训还不远，您怎么就忘了？臣不能奉诏和诗。”李世民一听，羞愧难当，赶紧为自己找台阶，说：“我只是试试你的才学罢了。”虞世南能够时时以国家大业为念，李世民能够从善如流，皆成为文坛佳话。宫体诗在唐初受到遏制以后，陈子昂等人标举的风雅才得以树立。一定程度上，诗歌的“盛唐气象”也与李世民在唐初的文治有关，而盛唐诗歌正是中国古代诗歌的巅峰。

十八学士为李世民以权谋夺取皇位，创建立国制度，实现贞观之治立下了汗马功劳，也对提高李世民的道德修养、才情学识产生了极大作用。“文学馆”“弘文馆”看似是歌功颂德、粉饰太平的机构，其实是李世民的智库，是他权力核心的组成。

成大事者当自断手足

武德九年（626），烽火已熄，天下归于李唐。起兵之初，李唐军力弱小，但兄弟们齐心协力，共同浴血战场，逐渐站稳了脚跟。拿下长安以后，身为太子的李建成坐镇京都，外战则大多由李世民征讨。这样，李唐大半的天下其实是李世民从马背上得到的，即使李世民无心觊觎帝位，他手下的文臣武将恐怕也不会甘心。何况，李世民又何尝不想呢？因此，哥哥李建成与弟弟李世民必有一争。世上之事，往往看似偶然，其实早就注定。

李建成是李渊长子，文武才能兼备，并非史书所歪曲的荒淫无道。有一件事可证明：李世民征窦建德，杀降将及官吏甚多，造成其部将多次反叛，导致河北局势不稳。李建成亲征时，采取了安抚的措施，很快实现了河北地区的稳定，这并非是一个无才无识的主帅可以做到的。何况，从太原攻至长安时期，李建成的军功并不在李世民之下。兄弟俩一同取得西河首战大捷，一同攻打霍邑。后李建成守潼关，取永丰仓，扼住屈突通接应长安攻打唐军的道路。攻打长安城时，也是李建成率先攻破城门。李渊占领长安后，不久宣布建立大唐，年号武德。又立嫡长子李建成为太子，镇守长安处理内务，作为内援负责前线粮草供应。

武德三年（620），李世民平刘武周，武德四年（621），又灭窦建德、王世充。六月，他身着黄金甲，率万骑返回长安，轰动京城。十月，加封天策上将。天策上将位在王公之上，可自置官署，有长史、司马、从事中郎、军咨祭酒、典签、主簿、录事、记室参军事等属官数十人，是有相当实权的军事机构。经过多年的征战，在军事实力上，李世民已远远超过李建成。

李建成与李世民的斗争自入长安起便已萌发。“统一”战争结束后，李世民回到长安。父子兄弟同在朝内，储位之争愈演愈烈。据史书记载，平阳公主去世，宗亲及朝内大臣皆去送葬。李建成、李元吉摆下酒宴邀请李世民共饮，并暗中在酒杯里下毒。李世民喝后心痛剧烈，吐血数升。淮安王李神通将他扶回西宫。李渊前去探望病情，告诫李建成说：“秦王向来不能喝酒，今后不得再请他夜宴了！”

又比如武德七年（624），庆州都督杨文干兵变，也是源于太子位之争。李建成为了对付秦王的强大势力，暗中令杨文干募精兵守东宫。此事被人告发后，杨文干被迫起兵反叛。

在朝廷和后宫，李建成与李世民也各自结党攻讦。长孙氏不断地在李渊后宫走动，用珠玉结交李渊的嫔妃，以求在李渊面前为李世民美言。同样，李建成也在朝廷与后宫结交党羽。齐王李元吉在战争中一直追随李世民冲锋陷阵，这一阶段，出于政治上的盘算，他投向了李建成一边。双方在实力对比上，李建成并不落后于李世民，而李世民常处于下风。李渊对他们兄弟之间常常大起争斗束手无策，只能尽量调停平衡。事实上，直到武德九年（626）六月四日的玄武门之变，李渊都没有采取任何有效措施来解决他们之间的矛盾。

武德九年，突厥犯境，李建成向李渊建议，由李元吉带兵出征。李建成意在调走李世民手下大将，削其兵权，再伺机除去他。李世民也不甘示弱，向李渊告发李建成、李元吉与李渊后宫张婕妤、尹德妃私通之事。李渊命李建成、李元吉第二天进宫对质。二人一看大事不好，决定先入宫逼李渊表态。

六月四日，长安城内暖风吹拂，绿柳成荫。李渊与裴寂等老臣坐在湖船上安享和风丽日。而这一天，血腥之深则是李渊无法预料的。

当李建成、李元吉奔赴玄武门时，万万想不到，李世民并非赤手空拳来见父皇。他一身铠甲，全副武装，带着长孙无忌、尉迟敬德等人，还有若干精兵出现在玄武门。李建成、李元吉赶来，他们察觉到了变化，立即掉转马头。李世民跟在后面呼唤他们。李元吉抢先张弓搭箭射向李世民，但一连三发都没将弓拉满，所以没有命中。李世民遂举弓射向李建成，一箭即中。尉迟敬德率领骑兵七十人相继赶到，他手下将士用箭射中李元吉，元吉从马上摔下。就在这时，李世民的马受惊，奔入玄武门一旁的小树林，李世民被树枝挂住也摔下马，一时爬不起来。李元吉迅速冲过来，夺过弓，想勒死李世民。就在千钧一发之际，尉迟敬德跃马奔来，大声喝住他。李元吉想跑进武德殿，但被尉迟敬德射死了。一时间，腥风大作，玄武门的守将关住大门，挡住来支援的太子一方军队。太子万万没想到，选择自己部下把守的玄武门动手，完全是一个大错。玄武门其实早已不在他的控制之下，守将常何已被李世民暗中收买。一步之差，结局判若霄壤！

在玄武门的守将与赶来支援太子及齐王的军队混战时，尉迟敬德抢先割下李建成、李元吉的人头，示众道："太子作乱，已被诛杀，尔等速速放下兵器！"诸将一看大势已去，纷纷逃散。

当李渊看到一身血污的尉迟敬德时，心知大事不好，一时惊慌恐惧竟说不出话来。何况，此时李渊恐怕也没有机会说话。尉迟敬德举着李建成、李元吉的人头，以结果来报，而非来说理。已经死去两个儿子，当然不能再杀了李世民以还天理。心痛之余，万念俱灰的李渊接受了事实，三天之后就立李世民为太子，将所有的政务全部委托其处理。又过了两个月，李渊传位于李世民，自己做了太上皇。

回想李建成、李世民兄弟起兵时，一起从太原向长安进发，一路并肩作战，体恤士卒、安抚百姓，一起谋划攻城守地，一起围攻长安，兄弟情谊何等深厚！而面对皇位巨大的诱惑，一切情谊不过是绊脚石，甚至手足皆可断去。成大事者，莫不有此铁血心肠！

第二章　普施仁义　打造仁君形象

爱民如子

登上皇位的李世民大行仁义之道，为自己赢得了许多美名。一方面，他将仁义作为帝王之术，当作驾驭臣民的手段，似乎并不高尚；另一方面，即使将仁义作为手段，毕竟还是无害且有益于百姓的。何况，能够做到自始至终保持仁义形象，也极考验人的耐性。

贞观初年，李世民放出后宫及掖庭的宫女三千余人。他对侍臣说："妇人幽闭深宫，非常可悯。隋朝末年，朝廷在民间大肆寻采民女，使百姓骨肉离散，处处悲声。况且，很多人是放在离宫别馆中，又不是皇帝可以幸御的地方，备那么多宫女，又有什么用呢？只能用来洒扫庭除。耗费民力来供一人之欢，有道之君安能如此？"放出的宫女皆任其婚配，各得人伦之道。比起隋炀帝的荒淫无度，李世民显然爱民得多。

贞观二年（628），关中发生旱灾，百姓有卖儿女以活命的。李世民听闻以后，心痛难安，令御史大夫杜淹到关中巡检，只要发现被卖的孩童，就由国库出钱赎回，交还其父母。

贞观六年（632），襄州都督张公谨病逝。李世民听闻后悲痛不已。礼部官员上奏道："查阴阳历书，日在辰，为流俗所忌讳，今日不可哭泣。"李世民说："君臣之义，如同父子。子亡，父怎能不伤痛？悲痛之情自内心而发，又不择时辰，我怎么控制得住?”于是任情大哭。

贞观十九年（645），李世民征高丽，军队驻扎在定州，他亲自登上城楼迎接陆续到来的将士。有一个士兵因病不能登楼进城，李世民得知后，立即命人将士兵抬到自己的坐榻前。他握着士兵的手，详细询问病情，又命令州县官员寻医治疗。将士们听说以后，都感动不已。后来，高丽战争结束，大军凯旋，回驻柳城。李世民下诏，将战前及战后所有阵亡将士的骸骨收集埋葬于柳城，设下太牢之礼祭奠。李世民亲自登上祭台，痛哭战死他乡的子民，其声哀烈，全军无不洒泪。观祭的士兵回到家乡后，告诉乡人皇帝哭祭之状，阵亡士兵的父母都说：“我们的孩子为国战死，天子能够当作自己的孩子来哭祭，虽然战死也没有什么遗憾啊！”后来李世民又带兵征辽东，攻打白岩城时，右卫大将军李思摩被流箭射中，李世民亲自为李思摩吮出脏血。此事更是振奋军心，全军将士莫不感奋异常，拼命杀敌。

李世民登基之初，作为收民心之术，仁爱的表现是必不可少的，有时甚至带有表演的成分。因此，史书中关于李世民体恤百姓士卒的记录，也多出现在贞观初年。

俭以养德

与仁爱之术相同，李世民见于史册的俭约之行，也多集中于贞观初年。俭约与仁爱的作用并不完全相同。仁爱可使部下归心，而俭约，则旨在促使自身养成勤政的习惯、检点的言行以及高尚的情操。更实际的意义，则是避免因贪婪误国。

据说商纣王有一对象牙箸，箕子一看到就大哭起来。别人感到很奇怪，问他为什么哭。他说，纣王用上了象牙箸就会觉得陶碗配不上了，就要用金玉的碗。用上了金玉的碗就不会再吃粗糙的食物。吃的东西贵重起来，穿戴就一样要好的，便会逐渐奢侈，国家就会危险了。这虽是个夸张的寓言，却并非没有道理。大恶总是从小非开始的，所谓防微杜渐，不就是这个道理吗？

关于李世民的俭朴之风，最常被提及的是罢修楼台之事。贞观元年（627），李世民想建造一座宫殿，已经备好了材料，但最后还是放弃了。他对侍臣说："自古帝王凡是兴造宫殿，必须贵顺物情。当初大禹凿山通川，为疏浚河流大费人力劳役，却没有遭百姓埋怨，因为那是众人都想做的事。秦始皇营造宫殿，天下毁议滔滔，只因他为的是一己之私欲，他想要的并不是百姓想要的。我现在造宫殿并不是百姓想要的，一想到秦始皇，我就不愿意再造了。"

贞观二年（628），又有大臣上奏说："依照《礼经》所载，季夏之月可以居住于台榭。现在夏天的暑气未退，秋雨刚兴，皇宫位置低下，潮湿之气重，可以造一阁居住。"李世民说："我有风湿病，确实不适宜居住在低湿之地。但是，若按照你的请求，又要花很多钱。过去汉文帝想要造一个露台，听说要花费十家百姓的产业，便不舍得修造。我现在的德行远不如他，花费却要远远超过他，这怎么是为君之道呢？”即使臣下再三请求，李世民都没有答应。

贞观十一年（637），李世民又下诏力除厚葬。在诏书中他详述厚葬之祸：“富者越法度以相尚，贫者破资产而不逮。徒伤教义，无益泉壤，为害既深，宜为惩革。”应当说，主观上李世民是愿意保持崇俭尚约作风的，但事实上，随着天下渐安，财富逐渐积累，他的奢侈作风就开始滋长了。贞观十二年（638），魏徵递呈了著名的《十渐不克终疏》，罗列了李世民的十项逐渐不能坚持的德行，其中就包括对李世民逐渐爱用民役来满足自己的奢欲批评。魏徵举了李世民说过的一句话“百姓无事则骄逸，劳役则易使”。意即老百姓不让他多做点事就会骄慢懒惰，贪图安逸，让他们多辛苦干活，就听话了。魏徵对这句话大加发挥，说：“自古以来，从未有因为百姓安乐悠闲而导致亡国的事。岂有害怕他们放纵，而故意给他们施加劳役的道理呢？”他又举了前隋的例子来警醒李世民。李世民读到魏徵的奏疏，反复揣摩，觉得非常有道理，就特意做了一个“戒奢屏”，将魏徵的奏疏写在上面，置于床前，以便时时警诫自己。

贞观十六年（642），李世民对侍臣说，自己读了《刘聪传》，看到刘聪要斩一个反对自己造宫殿的廷尉，他说：

"我读到这件事，深自警诫。我本来在蓝田采了上好的木材想造座宫殿，一想到刘聪的行为，觉得还是不可为。"

李世民自身的崇俭行为及尚俭政策产生了良好的效果。许多开国功臣及朝廷重臣都生活朴素。中书令岑文本住的地方低湿简陋，有人劝他营造产业，岑文本说："我本来就是汉南的一个平民百姓，没有大功劳，只是因为自己有点学问而能写文章竟做上了中书令，这已经到了荣誉的极点。我常常惶恐自己的俸禄太高，怎么可以再去置产业啊？"户部尚书戴胄死后，因为家里堂室狭小，没有地方设祭台，李世民下令为他造了一座庙。尚书右仆射温彦博也是一样，死后连主卧室都没有，只能殡于旁室。李世民听说以后，长叹一声，为温彦博造屋，并加赠了葬礼所需物品。大臣魏徵也是俭朴典范，他病重时，由于家无正堂，李世民拿出自己要盖小殿的材料为魏徵造堂，五天就造好了。李世民又因魏徵坚持俭朴风尚，只赐他素褥布被。

所谓俭能养德，贞观一朝吏治清明，社会秩序得以从战乱中迅速安定下来，这与君臣皆能奉行节俭，并同心协力勤于政事息息相关。

打折的诚信

贞观初年，一位官员上疏，称朝中有佞臣，善察言观色取宠于君王，应当去除。李世民说：“朝廷任命的官员，都是有才能的贤人，你说哪位是佞臣呢？”这位官员回答说：“我处在较低的位置，不能确切知道谁是佞臣，但是用一个办法可以试验出来。陛下借某件事情假装发怒，看看大臣们的表现就知道了。不怕陛下雷霆之怒，仍坚持道理直言进谏的就是正人；顺着陛下的意思，曲意奉承的，就是佞臣。”李世民听后沉默不语，思之良久。后来他对封德彝说：“流水清浊都在源头。君主是政治的源，官员就像水流，如果君王行为狡诈，想要臣下行事耿直，这就像源头浑浊却还指望水流清澈一样，怎么可能呢？我常厌恶魏武帝曹操诡诈狡猃，像这样的人，怎么能发布教令？”后来，李世民对上疏的人说：“我希望天下有诚信的风气，不想通过诈谋去行事。你所说的办法虽然很好，可是，对臣子使诈这种方式是我所不能采取的。”

贞观之初，李世民对自己所说的坚守诚信也是身体力行。贞观十年（636）魏徵上疏议论诚信，说：“臣闻为国之基，必资于德礼。君之所保，惟在于诚信。诚信立则下无二心，德礼形则远人斯格。”魏徵将诚信与国家危亡相联系，引经据典，滔滔不绝。李世民读完以后，称：“我要不是遇到魏徵，怎么能听到这么好的道理啊！”他总结自己的为政所得，认为最大的收获，就是在执政之初没有听信推崇霸道的建议，而是采用了魏徵建议的“偃革兴文，布德施惠”的王道方略。只靠武力慑服四夷，靠严酷的刑罚来统治人民，虽可迅速获得暂时的安定，但是，要想长治久安，四夷宾服就困难了。而行王道，诚信是最重要的。

贞观之初，李世民尚能较好地躬行诚信，可惜未能坚持到底。与当初不愿对臣子使诈相反，晚年李世民使了一个极错谬的诈谋。而且，恰如他自己所说，君主使诈，就不可能使臣下耿直了。

李世民于贞观十七年（643）立皇九子李治为太子。李治性格懦弱善良，才能并不突出，对国家也没有较大的贡献。李世民担心自己去世后，朝中威望崇高的大臣不能尽心辅佐少主。于是在临死之前，他故意找了个借口，将重臣李勣贬到叠州任都督。他对李治说："李勣是一个武能平定天下，文能治国安邦的雄才，你以后一定要倚靠他。但是你于他无恩无德，他未必肯尽心帮你。我将他贬到荒芜之地，你再将他重新启用，任他为尚书仆射，他必能感恩，用心效劳。于是李世民下诏贬李勣为叠州都督。李勣也是个聪明人，早就看清了李世民的小算盘，接到诏书以后，连家都没回，直接赴叠州上任去了。

这个李勣可不是一般人。他原名徐世勣，字懋功，即《隋唐演义》中"徐茂公"原型。因功高被唐高祖李渊赐李姓，又因避李世民讳，改称李勣。李勣曾多次在平定边境的战役中立下战功。他也是一个极为忠义之人。当初他曾跟随李密，后李密被唐军所杀，当时已是李世民部下的李勣向李世民索要旧主李密尸体，并为之厚葬。李世民非常感慨，说：“你不负李密，也肯定不会负我。”因此李世民对李勣也是极尽礼遇恩宠。可临终之前，李世民耍的这个手段，却毁掉了自己的诚信，实属昏招。

后人看到的历史是，唐高宗李治继位后，立即诏令李勣回朝任尚书左仆射。李勣也全心全意地辅佐李治。然而，当李治要废王皇后，立武则天为后时，李勣的暧昧态度酿成了大祸。当时长孙无忌、褚遂良等老臣均坚决反对废王皇后，李治本无计可施。可是李勣一句“你自己的家事何必问他人呢”，终于使李治下定决心废王立武。而这一结果最终使李姓大权旁落，李世民辛苦建立的大唐政权被武周取代。李世民可谓搬起石头砸了自己的脚，武则天掌权以后，大肆屠杀李唐子孙，无数人头落地。若是李世民看到历史会如此嘲讽玩弄权术者，他会不会后悔当初所耍的“权谋”呢？

亲贤远佞

三国蜀汉时，诸葛亮带病出征，朝内只留下小皇帝刘禅。诸葛亮念念不忘的就是如果阿斗学坏了怎么办。于是他写下了流传千古的《出师表》，教导皇帝要“亲贤臣，远小人”，苦口婆心地劝说阿斗应当亲近哪些人，应当向哪些人请教。

当然，李世民与刘禅完全不同，他是身经百战，又经历了无数险恶斗争的政治家。但是，他也从来没有把“亲贤臣、远小人”当作小事。不仅时时以杜谗邪来提醒自己，也常常对属下进行规范，使佞臣难以自处。

贞观七年（633），李世民视察蒲州，刺史赵元楷让当地百姓全都穿着黄纱单衣站在道路一旁迎接。还花了大价钱将楼台馆舍装饰得富丽堂皇，又新修了高大的城墙迎接李世民及随行。另外，赵元楷暗中准备了一百多只羊，几千条鱼，准备送给随行贵戚。这事不小心被李世民知道了，他召来赵元楷，数落道：“我巡查河洛一带，经过好几个州府，凡是有需要的东西，都是通过公家府库，按制供给。你现在养羊喂鱼以馈人，装饰院宇极其豪华奢侈，这些都是前隋的弊俗，现在不能再如此干了。你要知道我的想法，不要故态复萌。”赵元楷是隋朝的旧吏，在隋朝时已经习惯了如此侍奉皇亲及上官，没想到入唐后碰了钉子。他又惊恐又羞愧，几天不吃不喝，抑郁而亡。

与之相比，忠谏之臣魏徵就完全不同了。魏徵的忠谏多次令李世民下不了台，虽然心中恨恨不已，但李世民最终还是能认识到自己的错误，对魏徵敬重且多听从。当初魏徵是太子李建成的手下，李世民在玄武门杀了李建成之后，将魏徵收到自己幕下。有一次，李世民当众责问魏徵：“你作为建成部下为什么离间我们兄弟？”旁边的大臣一听，都吓得心惊肉跳，魏徵不慌不忙地站起来说："太子当初要是听我的话，一定没有后来的下场。"李世民听了以后，对他非常敬佩，从此对魏徵礼遇优厚，信任有加。对于李世民的责问，魏徵的回答可以说相当有勇气，完全没有被可能带来的严重后果吓倒。大概也只有李世民这样的君主才能不震怒，只有魏徵这样的臣子才敢如此直言不讳！魏徵长得不过是中等面容，但极有胆略，擅长劝谏，经常在皇帝脸色难看的时候犯颜苦谏。有时候皇帝已经怒发冲冠，暴跳如雷，魏徵仍是神态安详，轻言细语，李世民的怒火往往也就平息下来。

李世民曾感叹："魏徵啊，你前后劝谏过二百多件事，件件都符合我的心意，你若非忠诚奉国，怎么能做到这样啊！"他又对别人说："魏徵以前是建成的手下，是我的仇人。但是，他现在做事尽心尽力，尤其是能够不怕我发怒，一定要把道理说出来，不让我做错事，这是我最看重他的地方。"魏徵对此曾跟李世民说："那是因为陛下引导臣说，愿听臣下的话，我才敢说，要是陛下从来不接受臣下的意见，我又哪里敢触犯天子呢！"一个是能广开言路的圣明君主，一个是愿不断"找茬"使人主更完美的忠臣，所以两人才能成就如此一段佳话。所谓亲贤臣，李世民恐怕是帝王中的典范了。

魏徵在《十渐不克终疏》中还提到李世民的一个问题：表面上敬重贤人，实际上敬而远之，表面上疏远小人，实际上亲而近之。这或许是人趋利避害的无意识行为——有谁会觉得与一个时时挑刺讲大道理的人在一起舒服呢？时时正襟危坐，哪有与小人走马斗鸡，玩笑取乐心情舒畅呢？事实上，人君能够不被佞臣拉入腐化舒适的生活中去是很不易的。就亲贤臣远小人来说，李世民还是做得极好的，这是他成为一代明君的重要保证。

自制无价

古代帝王拥有无上权威。有权威的人往往无需忌惮，常常流于放肆。可放肆而不为，就是难能可贵的品质。李世民登基以后，兢兢业业，对大臣们十分恭敬，甚至常常小心谨慎。

有一年冬天，李世民在后宫休息，见到一只漂亮的鹞鹰。这只鹞鹰身姿矫健，羽毛华丽闪亮，李世民十分喜爱，拿在手里逗弄不止。这时，宫人传魏徵请求觐见。李世民一听，赶紧把鹰藏在怀里。魏徵进来汇报工作，发现皇帝神情不定，心不在焉。仔细观察，似乎有什么东西在李世民怀里动呢！魏徵这下不着急了。说完了河东大水，再说河西地震，讲完了吏治再谈论君王品行。左一件事，右一件事，没完没了。李世民虽然着急，却又不敢让魏徵闭嘴，硬是坐在那儿听着。等怀里的鹞鹰渐渐不动了，魏徵这才说：“臣禀告完毕，告退。”李世民点点头，等魏徵走后，掏出鹞鹰一看，已经僵硬了。

李世民对魏徵十分敬畏。有一次魏徵回老家扫墓，回朝以后，听说皇帝想去终南山游玩，宫人都准备好了行装，却没有成行。魏徵问李世民：“别人说陛下想要去终南山，为何准备好了不出发?”李世民笑着说：“我本来是想去啊，又怕你回来不高兴，要责怪我，所以就打消了念头。”

九成宫距长安城二百余里，是隋文帝时修建的行宫。贞观五年（631）又扩建，是规模相当大的宫殿群。那里沟壑纵横，山高水深，夏天凉爽宜人。贞观六年（632），李世民到九成宫避暑，带着皇宫上下数百人浩浩荡荡、走走停停，花了一个多月才来到行宫。贞观七年（633），李世民又准备去九成宫避暑。散骑常侍姚思廉进谏说：“陛下是天下生民之首，应当使天下百姓安宁适宜，满足他们的愿望，而不是让百姓来满足您的欲望。离开宫殿游幸，这是秦皇汉武的行为，不是圣明君主尧舜禹汤该做的。”李世民解释说：“我患有气疾，一热就会加剧，并不是喜欢游幸。但是你说得很对，值得嘉奖。”于是赐给姚思廉帛五十段。

李世民在登基之后，曾感叹自己年轻时没有好好读书。他是一个天资极高的人，诗赋写得很不错，曾得到魏徵等人的赞赏，在朝野颇有声名。贞观十一年（637），著作佐郎邓隆上表请求把李世民的文章编成册。结果，李世民不同意。他说：“若是我制定了好的国策，颁发了好的政令，对百姓有益，国史中就会记载，足以不朽了。如果对国家和百姓没什么好处，即使文采很好，那样的文章留给后人也只能受嘲笑。”他以梁武帝、陈后主、隋炀帝等人为例，这些文采斐然的君主，虽写了许多辞采华美的文章诗赋，结果都丧身亡国。李世民坚定地认为：一国之君只要德行好就行了，何必要文章辞采呢？

过不惮改，从谏如流

李世民执政不久，便发现了自己的不足。他对房玄龄说：“做人君需要大学问啊。我以前东征西讨，到处打仗，没有怎么读书。现在天下安定了，坐在宫中让别人读书给我听，才发现君臣父子之道、治理天下之法，全都是书上讲过的。现在想想少年时我只喜欢练武，没有多读书，真是错误。”

能够自我反省，时时检点自己的错误，在这一点上，李世民堪为帝王楷模。他不仅主动查找修正，更是想方设法鼓励大臣们为他指出过失，经常给直言不讳的大臣金银布帛以奖励。李世民执政之后读了不少书，这些知识对他后来以王道治国大有帮助。有一次，李世民在读徐幹的《中论·复三年丧》时大哭不止。因为古人常为父母服丧三年，自汉文帝后，以日代月，丧期缩短，与古礼相悖。李世民深感自己没有早读此书，对父母没有尽到服丧之礼，而且此举无法弥补，所以伤心不已。

贞观八年（634），左仆射房玄龄、右仆射高士廉在路上遇到少府监窦德素，就问他："近来宫城北门大兴土木，这是在修什么？"窦德素就把此事告诉了皇帝，李世民一听很不高兴，他找来房玄龄和高士廉，斥责说："你们只要管好自己衙门的事，我北门有什么工程，关你们什么事？"房玄龄和高士廉赶紧拜跪认错。魏徵上前说："我不明白陛下为什么责怪房玄龄和高士廉，也不明白房玄龄和高士廉为什么要下跪认错。"李世民说："你有什么不明白？"魏徵说："房玄龄既然担任宰相，就是皇上的股肱和耳目，皇上营造的工程，为什么不能让他知道呢？况且，所造的工程有什么利害之处，使用了多少役工，都是大臣该知道的。陛下所做的是好事，臣子就要帮助陛下完成；所做的不是好事，即使已经在营造，臣子也要奏请陛下停工。这本来就是君主使用臣子、臣子侍奉君主之道。房玄龄等人过问是无罪的，而陛下责怪他们，这是我不理解的地方。房玄龄等人没有认识到自己的职守，只知道歉认错，我也不理解为什么。"李世民一听，羞愧万分。

李世民即位后，立嫡长子李承乾为太子，他一直着重于接班人的培养，安排了学问、品德出众的孔颖达、令狐德棻等人做太子老师。后来李世民每次出游巡幸，就让太子李承乾代理政务。李承乾也不负厚望，处理政务思虑周到，才能备显。然而后来李承乾性情大变，喜爱蓄养优伶，好色浪荡。而且脚又有伤残，走路不稳。这时，李世民就开始偏爱李承乾的弟弟李泰。李泰也是长孙皇后所生，并且聪颖多才。李世民还特地允许李泰像自己当年一样设置文学馆，招揽天下文士一起学习读书。后来李世民又下诏让李泰住到离他很近的武德殿，以方便自己时时召见。魏徵上疏反对，说："魏王是陛下爱子，就要让他知道自己的身份，这样才能真正保全他。要抑制他的骄奢，不使他处在嫌疑之地。现在陛下让他移居到武德殿，就住在太子东宫的西边，这样难免招惹闲话，魏王也会不安，会因得到过多的宠爱感到害怕，希望陛下让魏王回到他自己的宫殿。"李世民一听，感叹说："是我考虑不周，差点犯了大错。"于是，就把李泰送回了他的居所。

贞观十五年（641），李世民问魏徵："最近朝臣都不议论国事，这是为什么呢？"魏徵回答说："陛下虚心纳谏，当然是对进谏之臣的鼓励。然而，人的才能水平各有不同。懦弱的人，有忠直之言不敢讲；与陛下疏远的人，害怕不被信任而不能言；心里只追求利禄的人，考虑到可能不利于自己的利益，就不敢言。所以大家相互沉默，苟且度日。"李世民说："确实如你所说。我每次想到臣下想要进谏，就要提防死亡之祸。这样的进谏与赴汤蹈火、上刀山剑林又有什么区别呢？所以忠贞之臣并不是不想尽忠，只是尽忠是件极难的事。我现在就要敞开胸怀，广纳谏诤。你们都不要惊惧，只管进谏就是。"

贞观十八年（644），由于怕大臣不能尽心直谏，李世民又对侍臣说："臣子大多是顺着帝王的意思说好听的话，让帝王高兴。可是我现在想听听自己到底有什么过失，你们都可以直言不讳。”散骑常侍刘洎说：“陛下每次与公卿讨论事情，以及大臣上疏，若别人不合自己的意思，陛下会当面责难，大臣都惭愧而退。这恐怕不是引导大臣直言进谏之道。”李世民说：“是这样啊，我真是没有注意到，我也后悔如此为难大臣，当立即改正。”

由于李世民的大力倡导，有的大臣为了取悦皇帝，便故意找茬进谏。贞观八年（634），中牟县丞皇甫德参上疏说：“陛下修洛阳宫，是劳民伤财；收地租是横征暴敛；民间妇女把发髻梳得很高，是宫中奢侈风气外传的结果。”李世民一看大怒，说：“这个人是想我们国家不收一点租，不使用一个民夫，宫里的人都把头发剃光，他才满意吗？”李世民愤愤不休，魏徵就上前进言，说：“西汉的时候，贾谊上疏给汉文帝，说‘可为之痛哭的有一事，为之长叹的有六事’。自古上疏，大都语言激切。因为若不激切，就不能使人主警醒，打动人主之心。激切的语言往往看起来像是诽谤，但是，古人说‘狂夫之言，圣人仍能有所取’。请陛下仔细考虑，不要轻易责罚，否则，恐怕以后无人敢谏言。”李世民于是压下怒火，赐了皇甫德参二十匹绢。

以史为鉴，可知兴替

中国人历来重视修史。在连绵不断的历史进程中，有多少朝代更替就有多少部正史，它们一一记录着前朝风云。中国人修史是极为功利的，所谓“孔子作《春秋》，而乱臣贼子惧”，就是说，史官在修史时要进行褒贬，以维护正统思想。李世民认为“以史为鉴，可以知兴替”。观照和研究历史可以探知朝代兴亡的原因。修史对于君王来说就是立一面镜子，可以帮助自己在历史发展潮流中保持正确的方向。

从来没有任何一个时期像唐初这样大规模地修史！从贞观初年到显庆初年，约三十年的时间，修了以前八代之史。大唐取得这样辉煌的修史成绩与李世民对这项工作的重视是密不可分的。

唐武德时，按照隋初的体制，史馆属秘书省著作局，等李世民登基以后情形大变。贞观三年（629），他把史馆搬到皇宫之中，直属门下省，设修撰、直馆、典书等职。由房玄龄监修国史，同年置秘书内省修梁、陈、齐、周、隋五代史，又制定了《诸司应送史馆事例》以确保史料的收集。当时的史馆馆舍高大华丽，史官待遇丰厚，能够进入史馆工作，是文人学者最为骄傲的事情。每部史书修成，史官都能得到很多赏赐，甚至加官晋爵。重臣如房玄龄、魏徵、褚遂良、长孙无忌等人都参与了史书的编修，李世民还亲自参与了《晋书》的修撰。修撰团队有这样的规模和级别，修史之事想不取得成绩也难！

唐初修史工作并非始于李世民。早在高祖武德五年（622），李渊下诏修史，并要求史官务必博采旧闻，不虚美隐恶，求实以录。贞观初年，李世民下诏由令狐德棻、岑文本等撰《周书》，孔颖达、许敬宗等撰《隋书》，姚思廉撰《梁书》《陈书》，李百药撰《北齐书》，魏徵为总撰。魏徵作《隋书》序论，并为《梁书》《陈书》《齐书》三书各撰总论。贞观十五年（641），李世民又诏令修《五代史志》，至高宗显庆元年（656）完成，附于《隋书》后，即《隋志》。其中最值得一提的是李世民为《晋书》中四篇传记写了史评。这部《晋书》自贞观二十年（646）重修，到二十二年（648）完成，速度是唐修八史中最快的，不得不说是“领导重视”的结果。

对于修史，李世民也有自己的一番见解。比如，他曾对监修国史的房玄龄说：“我见到汉代的史书中载录了扬雄的《甘泉赋》和《羽猎赋》，还有司马相如的《子虚赋》《上林赋》，班固的《两都赋》，这些赋都过于绚丽浮华，对于治国理政有什么帮助呢？何必要写到史书上？我看，那些上疏论事，凡是文辞直质，说理充分，可补于政理的，无论我有没有采用，都可以全文载录。”

以历史来指导自己的言行也是李世民善用“史鉴”的表现。贞观三年（629），他对侍臣说：“君臣本应同治乱，共安危。君主纳忠谏，臣子进直言，君臣相契，才是最重要的。如果只是君主自己贤明，臣子不去帮扶匡正，想要国家不危亡是不可能的。君主失其国，臣子也不可能独全其家。”他举隋炀帝之例，说：“炀帝暴虐，臣子都缄口不言，炀帝从来没有听说过自己的不是，最后导致国家灭亡，大臣虞世基等人不久也被诛杀。前事不远，朕与卿等不得不慎，不要为后人所嗤笑!”

李世民读完北周、北齐的史书，对大臣说：“齐主好奢侈，他将国库耗空，不断地增加税收，横征暴敛。我觉得这像是贪吃的人吃自己的肉，肉吃完了，自己也就死了。国君赋敛不休，百姓就活不下去，百姓活不下去，国家也会灭亡。齐主就是这样。然而北周天元帝呢，他与齐主比怎么样?”魏徵回答说：“这两个人亡国的结果虽是一样，行为却不同。齐主懦弱，政不出门，国无纲纪，所以灭亡。天元帝性情凶悍，作威作福，亡国是他自招的。这样说起来，齐主更不如天元。”

李世民亲眼目睹了隋代因奢暴而亡，自己亲手埋葬了那样一个表面强大，实际矛盾重重、危机四伏的帝国，这样的历史教训，怎么可以不吸取?何况，李世民自己正是创造历史的人，一朝亡，一朝兴，风云倏忽，怎么能不令当事者触目惊心?

反省才能完善

贞观十七年（643），李世民问谏议大夫褚遂良：“过去舜造漆器，禹雕饰祭器，许多人谏止，像这样的小事，为什么有十几人苦谏呢?”褚遂良回答说：“雕琢妨害农事，编织耽误女工。如果一开始就奢侈，危亡就会渐渐到来。漆器不能满足就一定会用金器，金器不能满足就会用玉器。所以诤臣一开始就要制止，等到危局已经形成，就没有必要进谏了。”李世民感叹说：“你讲得很对。我做什么事，若有不当，在一开始或将要终止时，都可以谏诤。我看到前代的史书，臣子有所谏言的时候，君主就回答‘我已经做了’，或者说‘我已经答应了’，最终也不改正。这样下去的话，危亡是反手之间的事啊。”

贞观十二年（638），李世民对魏徵说：“近来国家的政治教化，比起以前怎么样？”魏徵回答说：“若是说国家的势力范围，远夷朝贡，比起贞观之初，自是不可同日而语。若说道德仁义，民心悦服，比起贞观之初，却是相去甚远。”李世民不服气，说：“四夷臣服，那也是德义所至。若无德义，这些勋功伟业，为何更盛呢？”魏徵说：“过去四方未定，皇上常以德义为中心，不久四海安宁了，皇上就慢慢地骄奢起来。所以虽功业盛大，还是有不如以往的地方。”

李世民又问：“那我到底哪些行为不如以往？”魏徵说：“贞观之初，皇上害怕臣子不献言，千方百计诱导人进谏。三年以后，您见臣子进谏，会满面喜悦，乐意听从。近一两年来，您不喜欢听人进谏，即使勉强听受，也是心里不大高兴，面露难色。”李世民说：“我哪件事是这样的？”魏徵回答：“您即位之初，处元律师死罪，孙伏伽进谏说，元律师按照刑法不应当判处死刑，这样滥加酷刑不对。皇上嘉奖他谏言正确，赏赐了一座兰陵公主园，价值百万。有的人说，孙伏伽所说是很正常的事，赏赐太多了。皇上回答说：‘我即位以来，没有能进谏的人，所以我就要厚赏他。’这是因为要引导大臣们勇于进谏。前些年，徐州司户柳雄私下提高自己的门第出身。别人告发后，陛下让他自首，他不肯承认自己有罪，后来查实后，他仍不肯承认。大理寺查实他说谎，判他死罪，少卿戴胄上奏说，依法应当判流放。陛下说：‘我已经断过了，就判他死罪。’戴胄说：‘陛下既然认为法不当死，就应当交付执法部门去判断。如果罪不当死，就不应当滥用酷刑。’陛下当时非常生气，一定要杀柳雄。戴胄执意不肯，这样反复争执了四五个来回，陛下才同意赦免柳雄，并对法司说：‘有戴胄为我守法，就不怕有滥杀的行为了。’这是你高兴听从谏议的情况。但是前年陕县丞皇甫德参上疏，您不高兴听，就认为是讪谤欲治罪。臣当时奏称上疏若不激切，便不能引起注意，激切看似讪谤却不应当认定为讪谤。陛下当时虽然听从了臣的话，赏物二十段，然而意气不平，难于接受谏议。”

李世民听了点头称是，说：“确实如你所言！要不是你，没有人能说到这份儿上。每个人都苦于不能认清自己。你未说的时候，我总认为自己所做始终如一。听你所说，我才知自己的过失实在令人吃惊。只要你存着这份忠谏之心，朕一定不违背你今天说的话。”

第三章 血泪悲欢——齐家之道

成功男人背后的女人

长孙皇后是北魏拓跋氏后裔，她的父亲长孙晟是隋朝的右骁卫将军，与出身陇右贵族的李世民可算门当户对。长孙氏自幼喜读经史，十三岁时嫁给李世民。从此，她一生与李世民相依相伴，经历了李世民封秦王、天策上将，玄武门之变后封太子，又登基当皇帝的全部过程。长孙皇后死时年仅三十六岁，为李世民留下了七个子女。

李世民与长孙氏极恩爱。武德四年（621），李世民讨平山东群雄回到长安，封天策上将，与太子李建成、齐王李元吉斗争颇多。长孙氏用尽心力为李世民谋划，在李渊面前曲意侍奉，争取李渊对李世民的信任；在后宫低眉顺目，尽力与李渊的妃嫔结交，希望她们能在李渊面前为李世民美言。

正是由于长孙氏与房玄龄的坚定支持，李世民才下定决心发动玄武门之变。当李世民带着部将在玄武门授甲时，长孙氏赶来鼓舞士气，将士莫不感动。可以说，长孙氏对玄武门之变的成功起了重要推动作用。这件事，一可说明长孙氏勇敢过人，二可说明她是一个善于言辞鼓动的人。更重要的是，长孙氏主动奔赴险地，恐怕不仅仅是去鼓舞士气，万一事变失败，则夫妻一起赴难，免得生死相隔。

李世民与长孙氏可以说是古代夫妻的典范，长孙皇后受李世民敬慕的地方很多。例如，长孙皇后崇尚节俭，用度有限，从不多取。太子的奶妈来要东西，说东宫缺少器物，长孙皇后回答说："太子只应当担心德不立，名不扬，何必担心缺少器物！"

长孙皇后喜欢读书，常常在梳妆打扮时也不放下书卷。李世民有时与她聊天，谈到赏罚之事，她都推辞说："牝鸡司晨，惟家之索，我是妇人，怎敢干预政事？"李世民往往执意要她讲，她就干脆一言不发。遇到皇帝发怒，迁怒于人，她就顺着李世民也装作生气，等到丈夫怒气渐消，再慢慢开导。

长孙皇后对自己娘家人的权力也控制得极严，这既是爱护李唐政权，也是保护自己的族人。长孙皇后的哥哥长孙无忌和李世民为布衣之交，从李氏父子起兵时就一直追随李世民，后来在玄武门之变中又立有大功。长孙无忌博淹文史，才干突出，为人谨慎，忠诚于事，李世民对他十分信任，打算任其为宰相，委以朝政。长孙氏听说后，就对李世民说："我被立为皇后，已是尊贵至极，实在不想让兄弟子侄布列朝廷。汉朝的吕后、霍光之家，都是以外戚身份权倾朝野，既危害国家，最后也危害了自己一家。这些前车之鉴，不可不重视。请您千万不要把我的兄长任命为宰相。"李世民仍旧不听，任命长孙无忌为左武侯大将军、吏部尚书、右仆射。长孙皇后无奈，又想一计，暗中写信给哥哥，让他请辞。后来，长孙无忌听从妹妹的话，执意请辞，李世民无奈，只得给了长孙无忌开府仪同三司的虚衔。

长孙氏对李世民的事业帮助极大，长孙氏治下的后宫，是历史上最为和谐安宁的后宫之一。李世民当皇帝以后，后宫妃嫔的数量并不小，她们都能在长孙皇后治下和睦相处，这不是件简单的事。后宫有一个地位较低的妃嫔，生豫章公主时难产而死，长孙皇后便将豫章公主带在身边养大，视如己出。有媵侍生病，长孙皇后会停下自己正在服用的药，送给她们。因此后宫的妃嫔都很感激她。

一次李世民生病，很长时间都没好。长孙皇后侍奉在床侧，昼夜不离。她把毒药系在衣带上，说："如果皇上有不测，我绝不独活！"贞观八年（634），长孙皇后与李世民一起去九成宫避暑，当时她身患重病，生命垂危。太子李承乾建议说："医药已经用尽了，现在您还是不见好，不如上奏父皇，赦免囚徒或度人入道，这样或许可以让上天降福，保佑母后好起来。"长孙皇后说："死生有命，不是人力所能控制的。如果修福可以延寿，我也从来没有做过恶事；如果行善无效，我又有什么必要求福？大赦天下是国家的大事，佛道这种事，不过是异地之教罢了，怎么可以为了我一个妇人而乱了天下的法度？"太子听了以后，便不敢向李世民禀告，只是把母后的话告诉了房玄龄。后来房玄龄转奏李世民，李世民听到以后，感动得泪流不止，泣不成声。

贞观十年（636），长孙皇后病逝。弥留之际，她叮嘱李世民的仍是国家大事，希望李世民能亲贤臣，远小人，纳忠谏，屏谗邪，少用民役，不要游猎，等等。她安排自己的后事时说："我活着的时候对别人没有什么益处，也不愿因我的死麻烦别人。千万不要为我的葬礼耗费天下，只须依山为坟，器服只要瓦木就可以。俭薄送终，就是对我最好的怀念。"又取出衣中的毒药对李世民说："在陛下身体不好时，我曾发誓要与你共死，不能使自己处于吕后的境地。"

长孙皇后曾编写《女则》十卷，在书中，她著论批评了汉代的马皇后不能抑制外戚专权，却劝诫娘家人车马之侈的做法，认为这是舍本逐末。她告诉宫女："《女则》是我写给自己看的，没有条理，不要让皇上看到。"等她死后，女官把书拿给皇上，李世民一见，大悲不已，说自己失一良佐。

长孙皇后死后，李世民并没有照她的意思将其薄葬，而是依山开建了昭陵。昭陵气势雄伟，规模宏大，长孙皇后首葬于此，其后李世民及其重臣亲信等一百多人均葬在此处。李世民为长孙皇后撰写碑文予以悼念，后来他对长孙皇后思念难忍，就在皇宫中筑了高台，时时爬上去眺望昭陵。一次，李世民拉着魏徵登台，让他看远处的昭陵。魏徵说："我年老昏聩，看不见。"李世民指给他看，魏徵说："我以为陛下在看献陵，如果是看昭陵，我早就看见了。"献陵是高祖李渊的陵墓。李世民知道魏徵在指责自己。于是含泪命人拆掉了这座高台。

李世民登高台望昭陵是十分感人的故事，“望昭陵”也成为许多诗文中的典故。有一首无名氏所作的《六州》颇有情味，即是对这对夫妻真情的叹惋：“九龙舆。记春暮、幸蓬壶。琼囿敞，绣仗趋。年华与逝水俱。瑶京远，信息断无。宝津池面落花铺。愁晚容，车来禁涂。凤箫鸾翣，西指昭陵去。旧赏蟠桃熟，又见涨海枯。应共灵真母，曳霞裾。宴清都。恨满山隅。春城翠柏藏乌。扃户剑，照灯鱼。人间一梦觉余。泉宫窈窕锁夜龙，银江澄澹浴仙凫。烟冷金炉玉殿虚。绿苔新长，雕辇曾行处。夜夜东朝月，似旧照锦疏。侍女盈盈泪珠。”

好女如此伴君侧

在中国古代，女子以才华闻名的，只是极少数。女性参与社会活动的机会不多，锻炼才能的机会则更少。所谓的才女，无论是在文学上还是经学上的成就，与男子比起来，都相形见绌。这不是因为女子天生在智力上不如男子，而是没有学习的机会；即使能练就一手好的文笔，也没有显扬的机会。女子能在史书上留名，绝对是幸运的事。当然，这里是指以才能见之于青史，而非以节烈贞孝入传。

就这一点来说，徐惠是一个幸运的女子。她天资聪颖，又出身于书香门第、达官之家。徐惠是右散骑常侍徐坚的女儿，生于贞观元年（627），卒于永徽元年（650）。她一生与贞观时代相始终，享年二十四岁。

徐惠生下来天赋异禀，五个月时就能说话，四岁时能背诵《论语》《诗经》，八岁时就爱写文章。徐惠遍涉经史，手不释卷。由于她名气很大，李世民听说以后，纳她为才人，常与其探讨经史辞赋，对她极为欣赏。因此，徐惠在后宫升迁很快，从才人升婕妤，再升充容。要知道，像武则天那样聪明美貌的人，在李世民一朝，也只是才人。

徐惠的贤能可以打动李世民，当真不是一般的水平。《旧唐书》完整记载了徐惠的一篇上疏，全文近千字，不仅理正辞严，而且引经据典，气势磅礴，辞藻也雅正典则。比如开头一段："自贞观以来，二十有二载，风调雨顺，年登岁稔，人无水旱之弊，国无饥馑之灾。昔汉武守文之常主，犹登刻玉之符；齐桓小国之庸君，尚图泥金之事。望陛下推功损己，让德不居。亿兆倾心，犹阙告成之礼；云亭伫谒，未展升中之仪。此之功德，足以咀嚼百王，网罗千代者矣。古人有云：'虽休勿休'，良有以也。守初保夫，圣哲罕兼。是知业大者易娇，愿陛下难之；善始者难终，愿陛下易之。"这篇奏疏是劝李世民少用民力，息兵安民，无为而治，对治国之道说得有理有据，相当有识见。李世民一见此疏，大为高兴，没想到一个后妃，能有如此的忧国忧民之心，立即给予徐惠厚赏。

贞观二十三年（649），李世民病重，不久离世。徐惠因哀伤过度，病倒在床，但她拒绝医治，决心要追随李世民而去。她对亲人说："我受到皇上的眷顾很深，不愿独活，只想追随皇上而去。如果魂魄有灵，我仍可以陪在他左右，能把我安葬在他身边，就是我最大的心愿了。"

永徽元年（650），徐惠去世。高宗下诏追赠徐惠为"贤妃"，陪葬昭陵。

取贤不避亲，弃不贤亦不避亲

皇帝在安置自己的亲属时往往会陷入两难：重用亲眷，怕人说自己偏私；一律弃用亲眷，又辜负亲眷相帮的情义，或者浪费了良才，孤立了自己。历史上因任用亲属造成的问题太多了，皇帝的弟侄也好，外戚也罢，若使用不当，这些人会直接篡夺政权，倾覆国家。不用亲属，全用外姓，皇帝就处于极孤立的境地，况且外姓臣子是否值得信任，难以判断。

皇权的稳固与皇帝所用之人大有关系，但是与所用之人是否为自己的亲戚就未必有关系了。判断官员可用不可用的标准，应当是贤能与否，而非远近亲疏的血缘关系。对这一点，李世民认识相当清醒。

贞观初，李世民就对侍臣说："我现在对贤臣是孜孜以求，听说有贤能之士便立即擢用。但是很多人都议论说‘某人被任用是因为与宰相是亲戚’，你们都是有公心的人，不要因为怕这句话，就不敢为我推荐人才。古人说‘内举不避亲，外举不避仇’，就是为了能够举荐真正的贤才。因此，你们举荐人才，无论是自己的亲属或仇人，都不要避讳。”

长孙无忌是长孙皇后的哥哥，他们是隋右骁卫将军长孙晟的子女。不过，他们的母亲是续弦。父母去世后，嫡长子长孙安业把他们赶到舅舅家去。他们的舅舅高士廉，隋大业时为治礼郎，对长孙无忌兄妹极好，教习二人文史尽心尽力。后来，长孙氏被许给李世民，成为国母，长孙无忌也成了国舅。长孙无忌自少就与李世民关系极好，李世民初举义旗，渡过黄河，长孙无忌就到长春宫谒见，被授予渭北道行军典签，跟随李世民南征北战。玄武门之变，长孙无忌力主率先发难，奉旨密召房玄龄、杜如晦等人一起筹划发动政变。可以说长孙无忌是玄武门之变的首要功臣。后来李世民做了太子，长孙无忌为太子左庶子；李世民登基之后，长孙无忌升为左武侯大将军；贞观元年（627），长孙无忌改任吏部尚书，封齐国公。

因为长孙无忌是李世民成就帝业的元勋，又是皇后兄长，李世民待之特厚，常常把他拉到卧室谈话。后来，长孙无忌被封为尚书右仆射，即宰相之职。长孙无忌是一个有政治才能的人。当时突厥的颉利可汗与大唐结盟，可是突厥政局紊乱，许多大臣都认为应当趁其虚弱，直接攻取以绝后患。长孙无忌则认为："现在国家应当平息战火，等他们侵犯我们边境时再去征讨也不迟。何况他们现在实力很弱，肯定没办法来侵犯。但如果我们深入到他们的腹地去打仗，后果就难说了。况且，结盟在先，还是守信为宜。"李世民听从了长孙无忌的建议，后来突厥果然因内战自乱。

长孙无忌在朝中的威望和权势很大。有大臣密奏他"权宠过盛"，李世民拿着密奏给长孙无忌看，说："我与你们公卿大臣之间凡事无猜疑。如果各自怀着猜疑而不告诉对方，我们之间就不能保持信任了。"李世民又对大臣说："我的儿子们都还年幼，无忌对我来说，实在是功劳至大。我现在委他以重任，就如同对待亲子一样。那种以疏者离间亲者、新人离间旧人的做法是不对的，我不会那样做。"

但是在这件事后，长孙无忌认为自己受到的恩宠过多，才引起别人的议论，于是上疏请辞，长孙皇后也为他陈请。李世民不得已，解除了他尚书右仆射之职，拜开府仪同三司。贞观七年（633），李世民又要封长孙无忌为司空，长孙无忌固辞，李世民不答应。长孙无忌又通过舅舅高士廉上表奏请说："臣已经有幸成为外戚，再封以高官，恐招人说圣主有偏爱之心，请准许我辞官。"李世民回答说："我封授官吏，都是以才德为标准。如果才德不堪，即使是我的亲戚，我也不虚给一官。像襄邑王李神符就是如此。如果才能适合，就算是有怨仇，我也不会放弃，就像对魏徵那样。如果仅因为无忌是皇后之兄就偏爱他，我会多给他些奴婢和金银，何必要委以重任？我正是取其才德啊！无忌聪明有悟性，文雅有武略，你们都是知道的，所以我才委任他如此重要的官职。”

长孙无忌又上表一再推让，李世民无奈，又下诏说：“自我是亲王以来，你就是我的心腹，我是因为有你的帮助才得以廓清宇内，君临天下。我现在是根据你的功绩授官，你不可推让。”李世民又亲自作了一篇《威风赋》赐给长孙无忌，这才令他安下心来。

后来长孙无忌对李唐政权贡献极大。李世民驾崩后，长孙无忌与褚遂良同受顾命，辅佐太子李治。对高宗李治废王皇后立武则天一事，长孙无忌誓死反对，在一定程度上延缓了武氏夺权的步伐。只是后来他被人诬告，被逼自缢。但长孙无忌为李唐尽忠，殚精竭虑，无愧于李世民的一片深情厚望。

取贤不避亲，而弃不贤亦不避亲。能做到这一点，殊非易事。

李世民的堂叔李神通也算是有功劳之人。李渊起兵反隋时，李神通怕被隋炀帝抓住，从长安跑到终南山避祸。后来，他与长安大侠史万宝、河东人裴勣、柳崇礼等人起兵响应李渊，并自封关中道行军总管。李渊占领长安后，李神通被封为宗正卿，掌管宿卫兵马。武德后期，在太子与秦王的政治斗争中，李神通站在了李世民一边。武德九年（626），李世民被太子李建成下毒，就是李神通扶回李世民，得以捡回一命。

李世民登基后，面临将领们评功分封的问题。李神通自恃与李世民的亲缘关系和对李世民的救命之恩，觉得自己应当在房玄龄、长孙无忌之上。李神通上疏自陈功绩，李世民看后哭笑不得，于是很认真地概括了堂叔李神通的功绩："起兵之时，叔父虽然首举义旗，也只是因为无处脱逃，自营保身。窦建德占据山东时，叔父在山东全军覆没。刘黑闼聚旧部起兵，叔父又望风北逃……叔父是国之至亲，我不可能不敬爱你。但是我不能滥用私恩，让你与功勋大臣同赏啊。"于是，这个屡战屡败，但一直没有站错队的李神通只被授予了开府仪同三司的虚职。

国在家前

李世民虽是一个铁骨铮铮的硬汉，但同时也是一个柔情似水的父亲。不仅对皇后妃嫔，对自己的子女亲属，他也常常有儿女情长的一面。豫章公主早夭，李世民穿了一个多月的素服。晋阳公主十二岁去世，李世民一个月都吃不好饭，每天悲悼多次，人瘦了一圈。大臣们都来劝慰，他说："我也知道悲伤无益，可是我忍不住啊，自己也不知道为什么会这样！"

但是，圣明的君主不仅知宠爱，也知分寸。

长乐公主为长孙皇后所生，长得十分美丽，又聪慧温婉，深得李世民宠爱。贞观六年（632），长乐公主将要出嫁，李世民让有司为其准备的嫁妆倍于自己的妹妹永嘉公主。魏徵上奏说："过去汉明帝分封儿子们为诸王时，令他们等级低于自己的兄弟，他说：'我的儿子怎能与先帝的儿子同爵呢？'史书将此事作为美谈。天子的姐姐是先帝之女，称为长公主。既加了长字，就位尊于公主。这两件事虽然感情上有不同，但道理上是一样的。如果让公主的嫁妆超过长公主，于理不通，请陛下三思。"李世民点头称善。他回来将此事告诉长孙皇后，皇后感叹说："我总听说陛下敬重魏徵，但不知道原因，现在听了他的劝谏，才知道他能以正理劝止君王的偏私，真是社稷之臣啊！我与陛下是结发夫妻，一直受到陛下的礼敬，陛下对我情深义重。每次你发怒的时候，我也要等你怒气消了以后才敢进言，不敢轻易冒犯君威，何况他作为臣下，与陛下情义疏远，却敢如此谏言。过去韩非子称'说难'，东方朔也说进谏之不易，实在是有原因的。但忠言逆耳利于行，一国之君当深明大义，善纳忠言，这样才是天下之幸啊！"长孙氏让中使送了五百匹帛到魏徵家，而长乐公主，则带了与其他公主一样的嫁妆出嫁，没有多得分毫。

长孙皇后共育有三子四女，其中，魏王李泰得到的恩宠最多。李泰是太子李承乾的弟弟，晋王李治的哥哥。他聪明绝伦，又善文辞，只是心思颇深，后来掀起了储位之争的波涛。

李泰身体肥胖，走路跪拜多有不便，李世民就特许他乘小舆上朝。李泰成年后本应到自己的封地，李世民不舍得让他走，硬把他留在长安，还想让他住在武德殿，被魏徵劝阻而止。因为李泰爱好文学，李世民还特许他设文学馆，招延学士。李世民在贞观十年（636），还为了李泰大发雷霆。

这一年，有传言说三品以上的官员，都看不起越王（李世民对诸王的封号常有变化，这一年李泰为越王），对李泰无礼。这个谣言意在谮毁魏徵，激怒李世民。李世民一听，立即到齐政殿，召来三品以上大臣，待坐定后，大怒道："我有一句话，要跟大家说说。以前的天子是天子，现在的天子就不是天子吗？以前的天子儿是天子儿，现在的天子儿就不是天子儿了吗？我见隋朝的诸王，对达官以下都暴虐无行。我的儿子，我不许他们骄纵，但是怎能允许你们轻蔑欺侮！我要是放纵他们，你们岂不是也要被他们欺侮吗？"见皇帝如此恼怒，大臣们吓得浑身战栗，跪拜谢罪。魏徵站起来，正色说道："当今群臣，一定没有敢轻蔑越王的。依照《礼经》，王子地位虽低，序列也在诸侯之上。诸侯，用之为公就是公，用之为卿就是卿。王子如果不是公卿，地位就在有爵的诸侯之下。现在三品以上官员，都位列公卿，并且是天子所用的大臣，陛下也要尊敬。即使小有过错，越王怎么可以对公卿加以惩罚羞辱？如果国家纲纪已坏，我就不说了，可是现在是圣明之时，越王怎么可以这样做？隋高祖不知礼义，放纵自己的儿子践踏礼法，然后又将他们治罪黜免，当世不可以效法，现在又怎么能拿来说呢？”

李世民一听，立即知道自己讲错了，脸上绽开笑容，对群臣说：“唉，凡是人言有理，就不得不服啊！我所说的话，是出于私爱，而魏徵所论，是国家大法。我是没有见识而愤怒，还自以为道理在我这边，听了魏徵所论，才知道完全没有道理。对国君讲道理，真是不容易啊！”于是重重赏赐了魏徵。

李世民庶出的姐姐长广公主一开始嫁给赵慈景，生了儿子赵节、赵斌。赵慈景死后，长广公主改嫁中书令杨师道。赵节曾参与太子李承乾谋逆，事泄被囚，由杨师道与长孙无忌共审。杨师道暗中向皇帝求情，结果被降职，赵节也被李世民重责。李世民特地来到长广公主家，姐姐哭着跪在地上，为儿子求情。李世民也痛哭道：“我这是为了国家啊！赏不避仇敌，罚不分亲戚。这才是天下至公之道，我不能违背。我因此辜负了姐姐，请求您原谅我！”

任何事情，凡是关乎国家礼法，李世民分得很清楚，一定是国先亲后。

慈父多败儿

太子李承乾聪明博学，英俊非凡，但是身体不大好。贞观五年（631），李承乾生病，从来不信佛道的李世民却延请道士为儿子祈福。李承乾病愈后，李世民又召度三千人出家，并特地修建了西华观和普光寺，还减免囚犯罪行为儿子祈福。李世民为了不让儿子太辛苦，特准李承乾不用多读书。后来，李承乾却因为忌惮同样深得父亲宠爱且有夺嫡之心的弟弟李泰，竟勾结朝臣，打算起兵逼宫！结果事情败露，被废为庶人，流放黔州。

第九子李治性情懦弱仁柔，长孙皇后死时，李治才九岁，他哭得死去活来，可把李世民心疼坏了。李泰与李承乾争夺太子之位俱被废，李治最终被立为太子。李世民的心思就全集中到这个小九身上。贞观十九年（645），李世民攻打高丽，离开皇宫后，他在写给李治的一封信里说道："两度得大内书，不见奴表，耶耶忌欲恒死，少时间忽得奴手书，报娘子患，忧惶一时顿解，欲似死而更生，今日已后，但头风发，信便即报耶耶。若少有疾患，即一一具报。今得辽东消息，录状送，忆奴欲死，不知何计使还具，耶耶，敕。"李治小名雉奴，这里"耶耶"就是"爹爹"。李世民说，我见不到你的信，简直想要去死。过一会儿看到了你的手书，忧愁一下子就没了，仿佛起死回生。李世民还对李治说，你以后要是头痛，或有什么其他小病，都要一一报给我。“忆奴欲死”，真是爱子情深。

李世民对儿女们从不惮于表达思念和怜爱之情。只是，受他宠溺的儿女完全没能如他本人那般坚强。李治在治国才能和谋略上的不足，一定程度上与父亲的过度爱护有关。他没有李世民南征北战以及在民间生活的经历，因而没办法锻炼出像李世民那样的品格与能力。

如果说宠溺使李治才能不足尚可理解，那么高阳公主的放荡无行，就不可原谅了。正史中并没有记载李世民如何宠溺这位公主，只是说公主“有宠于太宗”，因而她所嫁的房玄龄次子房遗爱受到李世民的特别优待，与其他驸马受到的礼秩大不相同。高阳公主的生平相当传奇，她的母亲不知是哪位妃子，但是她深受父亲李世民的宠爱。贞观十五年（641），十二岁的高阳公主由李世民作主许配给房遗爱。房遗爱大哥房遗直是嫡长子，继承了房玄龄的爵位。高阳公主恃宠骄恣，欲阴谋夺取房遗直的封爵，房遗直害怕，向李世民请求让出爵位给二弟，李世民不许。房玄龄去世后，高阳公主又从中争财产，并反诬房遗直。房遗直向李世民申诉，李世民调查清楚事情原委后，训斥了高阳公主一顿，但因为疼爱高阳公主，还是没有处罚她。只是此后对高阳公主有些疏远，高阳公主因此怏怏不乐。

不久，长安城中抓住一名小偷，小偷的赃物中居然有一个名贵的金宝神枕，此非民间之物。官吏一看，立即严加审讯，小偷招供，说是从弘福寺一个沙门房中偷得。再查下去，发现那个沙门就是大名鼎鼎的辩机法师。辩机是为玄奘法师翻译佛经的八位高僧中最年轻的一位，学问渊博，名满天下。可是，一个和尚为何会有宫中的宝枕呢？被带到大堂之上的辩机坚决不肯说出宝枕来历，可是最终经不住严刑拷打，招供是高阳公主所赠。这样，一段地下情曝光：高阳公主与辩机私通，而以两名婢女服侍房遗爱。李世民闻后大怒，下令腰斩辩机，又杀了公主身边的几十个奴婢。这件事颇富传奇色彩，小说家将它演绎得神乎其神。只是这件事的结果值得注意：李世民依然没有惩罚高阳公主。几个月后，李世民去世，据说高阳公主哭而不哀。

失去管束的高阳公主并没有多少改变，她继续与道士、和尚厮混。由于与大哥房遗直关系不好，她又向皇帝哥哥李治诬告房遗直对自己不敬。李治命长孙无忌调查此事，长孙无忌的调查结果令人非常震惊：高阳公主与房遗爱参与了李元景的谋反！结果，房遗爱被诛，高阳公主被赐自尽，诸子流放岭南。

父母宠溺之害，真是令人心痛！

尊师教子，用心良苦

李世民在对儿子的教育上耗费了极大的精力，只是他与今天多数家长一样，对教师抱有过高的希望，而在自己应当负起的责任上，却似有缺失。严与慈，真是不容易把握！最见李世民尊师教子用心的，当是在对第一位太子李承乾的教育问题上。

李世民首先选聘李纲为太子少师。李纲是隋唐之际的名臣，也是一位饱学之士。在做李承乾的老师之前，他做过隋文帝的太子杨勇的老师，后来又做了李渊的太子李建成的老师。一个人一生做过三任太子的老师，堪称传奇。而更奇的是，这三任太子都没能当上皇帝！贞观三年（629），李纲脚有伤病，不能穿鞋走路。李世民赐给李纲代步的步舆，让卫士抬入东宫，又下诏让太子李承乾引其上殿并亲自叩拜，以示崇敬。

李世民这样做自有他的道理。他曾对长孙无忌、房玄龄说："太师、太傅、太保，这三师是以德行来引导太子的。如果师体卑贱，太子就会没有准则。"他还制定了太子迎接三师的礼仪：太子出殿门迎接，先拜三师，三师答拜；每道门让三师先行，三师坐，太子乃坐；太子交与三师书卷，前名惶恐，后名惶恐，再拜。

虽然礼仪有些烦琐，不过李世民是要让李承乾先懂尊师之道，再学仪范，如此方能得师才能。李纲也确有让人肃然起敬的地方。他为太子陈述君臣父子之道，问寝视膳之方，引经据典，滔滔不绝，听的人都入神忘倦。太子也曾向他请教古来君臣名节、竭忠尽诚之事，李纲懔然说道："臣奉命辅佐六尺大的孩童，掌管国家政事，古人以为难，我以为易！”李纲每次发言议论，都辞色慷慨，掷地有声，有万夫不可夺之勇。太子对他十分敬畏。不过，李纲为太子师的时间很短，贞观五年（631），他就去世了。

李世民很重视为太子选师。贞观八年（634），他对侍臣说：“上等智力的人不会轻易沾染恶习，但中等智力的人就不一定坚持得住，要看教导的情况。太子的老师，自古以来都是最难选的。周成王小的时候，周公、召公作为师保，左右也都是贤人，足以助他增长仁义道德，成为圣君。秦朝的时候，胡亥的老师是赵高，赵高教他刑法，胡亥即位后就诛杀功臣亲族，酷暴不已，秦朝不久就灭亡了。所以，人的善恶，都是跟相近的人学习形成的。现在我为太子和诸王选师，让他们学习礼法制度，对自身道德修养有所裨益。你们每人都要寻访忠信正直的人推荐给我。”后来，令狐德棻、于志宁、孔颖达等硕儒都当过李承乾的老师。

贞观十一年（637），李世民挑选礼部尚书王珪为魏王李泰的老师。李世民对尚书左仆射房玄龄说：“自古以来皇子都生于深宫，等他们长大成人，没有不骄纵放肆的，所以相继倾覆，很少有能够自救的。我要从严管教子弟，使其能够保全身家性命。王珪是我用了很久的大臣，我知道他最为刚正耿直，也是忠诚仁孝之人，所以选他为我儿的老师。你去告诉李泰，每次见到王珪，都要像见到我一样，必须毕恭毕敬，不得有半点懈怠。”王珪也不负李世民厚望，时时以师道自处，对李泰严加督导。时人对他评价很高。

贞观十七年（643），太子李承乾被废，李世民决定立晋王李治为太子。当时李治才十六岁，李世民心疼这个小儿子，希望时时能看到他，就把李治留在自己所住宫殿的一边，而不让他住到东宫。散骑常侍刘洎上疏说："一个人出生在深宫之中，长于妇人之手，既没经历过忧惧，也不知道风雅。就算他天生聪明，也没办法增长才识啊！陛下多才多艺，博闻多识，还向群官咨询，了解天下之事。您自己都知道这样做，怎么能把太子久拘身边，不让他接触更多的人呢？"李世民一听，立即命令太子李治回到东宫居住，又令刘洎与岑文本、马周几位大臣轮流去东宫，与太子探讨学问政务，使其增长见识。

李世民对太子及诸王的教育可谓费尽心血。自从立了李治为太子，李世民无论见到什么事，几乎都要拿来教导李治一番。一起吃饭时，李世民就对李治说："你要知道耕种的艰难，才能常常有饭吃。"见到李治骑马，就说："你要知道马的劳逸，不要用光它的力气，才能常常乘骑。"见李治坐船，就说："水能载舟，也能覆舟，民众就像是水，君王就是舟。"见李治坐在树下，就说："木头用墨线可以修直，皇帝善于听取谏言才能圣明。"诸如此类，不胜枚举。

宛转调停，颇费心机

李世民对自己的姐妹也颇有情义。比如他曾特意设计调和了丹阳公主与驸马薛万彻的矛盾。

丹阳公主是唐高祖李渊十五女，是李世民的异母妹妹，下嫁给了大将薛万彻。薛万彻是一位传奇人物。他与哥哥薛万均都是隋朝降将，入唐后征战四方，当了车骑将军，曾在太子李建成手下做事。薛万彻为人忠直，玄武门之变时，他率领东宫士兵与李世民的将士力战，一度杀到了秦王府。直到尉迟恭拿着太子李建成的脑袋给他看，他才大哭着放下兵器，逃到终南山躲起来。后来，李世民多次让人捧着诏书前去免罪招归，他才从终南山出来。薛万彻在李世民手下带兵打仗，也是忠心耿耿，苦战不屈，立下了不少战功。贞观三年（629），他跟随李靖打败突厥的颉利可汗，后来又打败薛延陀。李世民对他极其信任，所以将妹妹丹阳公主下嫁给他。

薛万彻在战场上是一员猛将，下了战场却是一个粗犷的武人。丹阳公主出身高贵，受过良好教育，可是薛万彻却粗俗不堪，在社交场合谈吐举止十分不雅，令丹阳公主感到羞愧无比。婚后好几个月，丹阳公主都不与薛万彻同席。

李世民听说了此事不禁大笑，于是想出一计调和这对夫妻的矛盾。他设了酒宴，把所有的驸马都召过来宴饮。并让其他的驸马与薛万彻从容交谈，意态恭敬。在酒席上，李世民故意要与薛万彻握槊比手力，说："谁输了就把佩刀送给对方。"李世民装作用尽力气，全力拉槊，然后又故意输给薛万彻。李世民当场将所佩御刀解下送给薛驸马。皇亲国戚们一齐大声喝彩，薛万彻大出风头。公主一看，高兴极了，回去的时候，与丈夫同车而行。

从此事倒可以看出丹阳公主极其敬仰兄长李世民，李世民的一把佩刀便令她找回尊严，使她愿意接纳与自己修养大不相同的薛万彻。当然李世民也对得起丹阳公主的敬仰，如此煞费苦心地安排一出戏。这也是出于对妹妹的一片呵护之情吧。

恨铁不成钢

李承乾是李世民与长孙皇后的长子。承乾，是他出生地承乾宫的名字，含有继承大业的意思。李承乾生于武德二年（619）。这一年，李世民还在外面打仗，李承乾出生后就一直跟在爷爷李渊身边。他在玄武门之变后不久被立为太子，这一年李承乾八岁，由于天资聪敏，李世民对其十分喜爱，请了才学品德最好的老师悉心教授太子。起初李承乾也表现良好，等李承乾年纪稍大一点，李世民出游时，就让太子监国，他也不负父望，处理事务井井有条。按理说，有父母的爱护栽培，有老师的严格教导，自身也足够聪明，这样发展下去，李承乾继承大统是顺理成章的事。可是后来发生的一切实在令人难以理解，也令李世民的苦心尽废。

李承乾成年后好歌舞美色，四处狎游，不务正业。不过他害怕父亲知道，不敢暴露行迹。而且他伪装得极好。每次临朝视事，他都满口忠孝仁义，退朝后，就与那些宵小之徒玩得不亦乐乎。

李承乾的脚有残疾，行走困难，而他的弟弟李泰才华出众，为当时之人所称誉，于是李世民渐渐地偏爱李泰。这样，李承乾不大安心了，他害怕自己被废，对李泰又忌又恨。偏偏李泰也自负才能，暗中怀了夺位之志。于是李泰与太子各树朋党，相互攻讦挑衅。

太常寺有一个十多岁的乐伎，长得秀美多姿，能歌善舞。李承乾十分喜爱，就把他收到自己帐下，给他取名“称心”。此事不知怎么被李世民知道了。李世民大怒，立即派人把“称心”抓走杀掉，并将与此事牵连的几个仆人也全都杀掉。李承乾认定此事是李泰告密所致，遂对其恨之入骨。

之后，李承乾的言行举止并没有回到国家未来领导人的轨道上来，恰恰相反，他更像一个问题少年，不断与李世民对着干。可能他对“称心”是真心爱慕。毕竟，他从小被当作政治领袖培养，听到的大道理虽多，得到的家庭温暖却很少。与“称心”之间的欢爱恐怕是真的令他痴迷。“称心”被杀以后，李承乾干脆称病，几个月都不上朝，在东宫单独空出一间房子，塑了“称心”的像，两旁列了人偶车马，让宫人早晚前去祭奠。李承乾自己也常常到这里徘徊哭泣。

“称心”死后，李承乾开始破罐子破摔。他常常命奴仆数十百人专门学习伎乐，梳胡人的椎形发髻，剪彩帛为舞衣，歌舞鼓乐，通宵达旦，声闻于外。这段时间，正好是于志宁、孔颖达受诏辅导太子，于志宁作了《谏苑》二十卷来规劝太子，孔颖达也天天劝说不停。李世民知道于志宁和孔颖达的辛苦后，给予二人厚赏，却对李承乾无可奈何。李世民对儿子李承乾越来越疏远。

不久，于志宁母亲去世，他便回乡丁忧。李承乾派人跟到于志宁家中去暗杀他。两名刺客到了于志宁家，发现于志宁为母亲守孝，睡在破席上，头枕着土块。刺客深受感动，没忍心下手就回去了。可是，李承乾并没有回心转意，又派了几个刺客去杀魏王李泰，结果也没成功。后来李承乾与汉王李元昌、兵部尚书侯君集等人欲逼宫谋反，此事被齐王李祐谋反案牵连出来，李世民就召李承乾问讯。查明之后，李承乾被废为庶人，流放到黔州，李元昌被赐自尽，其余人被诛杀。但太子身边的辅臣，包括其师令狐德棻、张玄素等人皆被李世民赦免。贞观十九年（645），年仅二十六岁的李承乾死于流放地。消息传来，李世民十分伤感，罢朝一天，以国公之礼安葬了他。

回想李承乾幼年时，深受祖父、父母恩宠，处处鲜花烈焰，前程一片光明。可是最终结局却如此不堪，究竟是谁之过呢？难道富贵之家出荡子，帝王之家也一样吗？可惜李世民一片心血，尽付流水！

无法平息的储位之争

如果说李承乾被废在很大程度上是咎由自取，那么可同情的是，他的谋反之举其实有自卫的成分。

李承乾蓄养优伶被李世民训斥后，面临着极大的困境：魏王李泰争宠，甚至要争夺储君之位。李泰才华横溢，与吴王李恪齐名，但李恪是庶出，李泰却是长孙皇后所生。李承乾自己不成器，李世民又处处给予李泰优厚的待遇，把他留在身边，时时监督观察。李承乾被废后，据说李世民曾对李泰暗中许诺，要把皇位传给他。这时，李承乾倒是不笨，他明知自己已经回天无术，但出于对李泰多年的怨恨和仇视，只讲了一句话，就把李世民册封李泰之心彻底粉碎了。他说："我本来贵为太子，还有什么可求的？李泰一直算计我，我只是与朝臣一起谋求自保罢了。是别有用心的人把我带到谋反之路上去了。现在父皇要是立李泰为太子，正好落到他的算计之中。"

李承乾相当了解自己的父亲，这话果然令李世民大为头疼。他反复掂量：如果立了李泰，说明储君之位可以通过阴谋得来。而且立了李泰，李承乾和李治恐怕都不能活命。如果立晋王李治，他仁慈懦弱，两个哥哥反而都可以安然无恙。于是李世民下决心立李治为太子，将李泰降封为东莱郡王，李泰在高宗永徽三年（652）病逝，年仅三十二岁。

储位之争实际上还牵连另一个人——吴王李恪。李恪的母亲杨妃是隋炀帝的女儿，他继承了隋唐两代皇帝的血统，出身非常高贵。而且，李恪文武双全，才华出众，深得李世民喜爱。李世民常对大臣们说，诸子之中，最像自己的就是李恪。本来李恪并无争夺储位之心，也无争储之行，后来却因父亲的易储之心而大祸临头。

李世民立李治为太子之后，又担心太子仁懦，不能担当重任，他密召长孙无忌，对他说："你劝我立李治，可是李治太懦弱，恐怕守不住社稷！吴王李恪英明神武，做事果断，最像我，我想立他为太子，怎么样？"长孙无忌坚决不同意，与李世民力争。李世民说："你是不是因为李恪不是你的外甥才不愿立他？"事实上，这句话说到了点子上。长孙无忌不愿立李治以外的人，这恐怕是最重要的原因。长孙皇后所生三子，长子李承乾被废，次子李泰被放，现在只剩下李治了。长孙无忌说："李治仁厚，这才是真正的守成之主。何况立储的事情至关重要，怎么可以换来换去？"于是李世民就没再坚持。

正因为李世民曾一度想立李恪，李恪在朝中又有相当高的声望，这给李恪带来了灭顶之灾。长孙无忌对吴王李恪心怀恐惧，忌恨不已。李治登基后，长孙无忌在奉诏调查房遗爱谋反案时，诬谄李恪，将李恪冤杀，以“绝天下望”。长孙无忌冤杀李恪，是他一生中最大的污点。若是李世民地下有知，该情何以堪！当初在命吴王李恪去齐州任都督时，李世民就对侍臣讲：“我们也是父子，怎么会不想经常见面呢？但一国与一家不同，必须要按规矩来。藩王去自己的领地，可以趁早断绝他们觊觎储位之心。我百年之后，希望他们兄弟之间不会发生自相残杀之事。”可是，一切还是发生了！

据说李恪临死前曾大骂：“长孙无忌窃弄威权，构害良善，宗社有灵，当不久将他族灭！”已得储位的被废而遭流放，谋储位没谋上的也被流放，无才也无心当皇帝的却当上了。有才但无心当皇帝的，却被诬以谋反之罪杀害——这又是何道理呢？

第四章　大勇若怯——治国之道

安民为本

元代张养浩作有一首小令《山坡羊》，寄意深远："峰峦如聚，波涛如怒，山河表里潼关路。望西都，意踌躇。　伤心秦汉经行处，宫阙万间都做了土。兴，百姓苦；亡，百姓苦。"

自古以来，窃钩者诛，窃国者为诸侯，史书都是由胜利者书写的。写来写去，都是伟大功业，都是雄心壮志，都是波谲云诡的斗争，而百姓的苦难，好像都被忽略了！东汉末年战火纷飞，最后形成三国鼎立之势。关于百姓的情况，曹操在诗中曾写道："千里无鸡鸣，白骨露于野。"虽然隋唐易代并无那么长久的战争，只有十年左右，但是百姓却也是"十不存一"。

即使到贞观十一年（637），在所谓的"贞观之治"中期，民生凋敝的问题仍极为严重。马周曾向李世民谏言，请求减少征用徭役，他说："战乱之后，人口凋敝，现在百姓数量只有隋朝时的十分之一，而官府征发徭役却没有休止。有的家里弟弟才回来，哥哥又去服役。有的人要远行五六千里，春夏秋冬，没有一时安息。陛下每次下恩诏减少徭役，可是那些工程不能停废，仍需要征调民夫，朝廷白白地下了许多文书，徭役之繁，依然如故。这四五年来，我常到民间走访，百姓怨言很多，抱怨陛下没有体恤他们。"

李世民刚执政时曾下诏："男子二十、女子十五以上未婚者，由州县出聘娶之礼；贫困不能出嫁者，由乡里的富人以及亲戚出资；鳏夫六十、寡妇五十、妇人有儿子想要守节的不强求。"这是一道比较有人情味的诏书，解决了不少贫困男女无法婚嫁的问题。虽然李世民的初衷可能只是为了快速增加人口，却也造福了百姓。

魏徵曾对李世民说及一事："我在隋朝为官的时候，听说某地有强盗出现，炀帝令于士澄抓捕。于士澄只要抓住疑似者，就严刑拷打，被冤枉而不得不承认犯罪的平民达两千多人，炀帝下令在同一天处斩这两千多人。当时的大理寺丞张元济觉得奇怪，怎么会有这么多的强盗，就去查访。结果发现，两千多人中只有五人是盗贼，其余都是平民。而执法的官员认为皇帝已经下令斩决，便不再上奏，把两千多人全杀了。"这真是骇人听闻！百姓的生命贱如蝼蚁。

李世民听到此事感叹万分，说："这不仅是隋炀帝无道，臣下办事也不尽心。如果臣下能够不怕诛戮，直谏匡扶，而不是只行谄佞，求媚于上，就不会发生这种事。这样的朝廷，怎么能不败亡呢！"

为了社稷的稳定，李世民做了许多安民之事，例如减免赋税、赈灾轻刑、放还宫女等等。如此种种，成就了他后来的圣名。只是出身贵族的李世民，还会时不时冒出一些奢侈的想法。贞观十二年（638），李世民向东行幸，入洛阳前，在显仁宫住下。显仁宫的接待安排颇不合李世民心意，他大发雷霆，官员仆役不断地被责罚。

魏徵进言，说："陛下到洛阳来行幸，因为这里是您过去打仗的地方，现在安定下来，所以要来加恩于百姓。可是现在城里的百姓还没有得到恩惠，宫苑里的官吏就有很多无辜获罪。您认为供奉的物品不精美，又说没有令百姓官吏置办献食。您这是要求无止境，志在奢靡，与行幸的本意相违背，又怎么能符合百姓的愿望呢？"

献食是隋炀帝的发明，每当他出巡，就令当地百姓官绅贡献精美的食物。而官民所献之食往往会多达数十百桌，不仅皇上妃嫔们吃不完，所有的随侍人员一起吃都吃不完，于是常常就地挖大坑掩埋。献食一事劳民伤财，浪费无数，激起强烈的民愤。魏徵还说："献食之弊，不是书上记载的，而是陛下亲眼所见。正因为隋炀帝无道，您才取代了他。您不好好地记着教训，俭省一些，怎么还提出这种要求呢？陛下要是觉得这些不够满足您，那么给您一万倍也不会满足的。"所有的谏言只要落到江山社稷的稳定上来，都能打动李世民。李世民被魏徵一席话说得冷汗直冒，发誓说："以后绝不会再发生这样的事了。"

征兵有度

李世民登基以后，大唐边境的战争一直没有停息。尤其是贞观初年，在北方突厥实力强大，时时侵扰中原。东北方的高丽也不太听话。因此国家还必须时时保持强大的武装力量。

贞观三年（629）征兵的时候，简点使右仆射封德彝等人上奏，想将中男里十八岁以上的男子全部招募入伍。唐初从十六岁至二十岁为中男，二十一岁至五十九岁为丁男，六十岁以上为老男。而且唐代的赋税和徭役应由丁男承担，而不是中男。李世民同意了封德彝的奏请，征中男的诏书下了三四道，但王珪、魏徵坚决不同意，封德彝便对皇帝说："现在负责简点的官员说，中男里也有许多高大强壮的。"李世民听后更加生气，又下一道诏书，说："中男即使不满十八岁，凡是身材高大的，也要征募入伍。"诏书已下，王珪、魏徵还是坚持不肯签署。

李世民立即召见魏徵和王珪，对他们大为光火，说："中男如果实际个头矮小，自然不会被简点入军，但如果强壮高大，怎么不可以简点入军呢？你们为什么老是不同意，这样固执！我不知你们是怎么想的！"

魏徵正色说："我听说把鱼塘抽干，并不是得不到鱼，但会使明年不再有鱼。把树林全部烧掉，并不是得不到猎物，但是下一年就没有了猎物。如果把十八岁以上的中男全部简点入军，租赋杂徭从哪里出呢？如果征募了很多人，还让他们充当杂役，人数虽多也没有战斗力，不如精选健壮，给予优待，每个人可以激发出百倍的勇气，又何必要求人数众多呢？"

李世民还是愤愤不平，不肯听从。魏徵说："陛下总说，我当皇帝是以诚待人，我要使官吏和百姓都无狡诈虚伪之心，可是您当了皇帝以后，共有三件大事都不守信，又怎么使别人相信您呢？”

李世民惊愕道：“我怎么不守信了，你所说的是哪三件事？”魏徵说：“第一件事是，陛下刚即位的时候，曾下诏书说，过去私人欠官府的债务全都免除。可是，原秦王府的财物却被认定不属于官府。陛下以秦王继位，你的东西不是官家财物，那其他的官家财物又从何而来呢？第二件事是，陛下原来说关中免两年租税，关外免一年。百姓一听，全都欢欣鼓舞。可是不久，您又下旨说：‘今年抽丁也都抽完了，要是从现在免除，有人会享受不到国恩。因此，今年的租税还要全部缴纳，减免租税可从第二年开始执行。’您在免除之后又重新核收，老百姓怎么能不抱怨？您说来年再算，百姓又凭什么相信呢？同样道理，您将赋税的事情都委托给刺史、县令办理，至于简点征兵的官员，您又怀疑他们诈伪，这样怎么能使臣子和百姓信服呢？”

李世民听后沉思良久，说：“我没有认真地思考，原来错得这样深啊。”于是停止征募中男入伍。最后，还赏赐给魏徵金瓮一口，赐王珪绢五十匹。

修律轻刑，取信于民

贞观时期，有一项备受后人推崇的数据：贞观四年（630），全国被判处死刑的总共只有二十九人。史书上说："全国断为死刑的只有二十九人，刑具几乎都用不上。东到大海，南到南岭，老百姓夜不闭户，外出旅行都不必带粮食。"

如此良好的治安状况，缘于唐初以来对隋朝苛政的大规模修正。在唐武德的时候，李渊就考虑到隋炀帝时的刑律过于严苛，于是采用了隋文帝开皇时期较宽松的法津，并去掉了其中苛细的部分。唐太宗李世民执政后，重修了唐律，直到贞观十一年（637）才修好，称为《贞观律》，其内容集中体现了他宽仁慎刑的思想，这也是他行王道的具体措施。

贞观五年（631），相州人张蕴古为大理寺丞，掌管刑狱。有个相州人李好德疯疯癫癫的，说了很多妖邪虚妄的话。李世民听说以后，下令将他逮捕。张蕴古上奏说："李好德有疯癫病，按照法律，不应当治罪。"李世民一听，便同意不治李好德的罪。李好德有一个哥哥叫李厚德，是相州刺史，与张蕴古关系不错。张蕴古回去以后，没等李世民的诏书下来，就暗地把李世民的意思告诉了李好德。张蕴古还拉李好德一起赌博游戏。这事不知怎么让御史权万纪知道了。权万纪立即上奏弹劾张蕴古。李世民一听大怒，立即下令将张蕴古推到长安东市处死。

张蕴古是一个博学之人，文章写得特别好，谈论起时务也颇有见地，在官员中声誉很好。他还上过《大宝箴》，颇受李世民赏识。不久，李世民又后悔了，找来房玄龄，对他说："你们都是吃国家俸禄的人，应当替我分忧，事不分大小，都要留意。现在我不问你们，你们都不说，你们见到事情都不直谏，这样怎么能辅政呢？张蕴古身为法官，与囚徒赌博玩耍，还泄露了我的话，虽然有罪，但按照法律，还不至判死刑。我当时在盛怒之下，要把他杀了。可是你们谁也没有劝阻我，相关的官员又不覆奏，就立即判决执行了，这样怎么符合道理？"

李世民想来想去，觉得应当就此修改刑律，他下了一诏，说："以后凡有死刑，即使我下令立即执行，也都必须先执行五覆奏。"五覆奏是一项很有影响的法律制度，就是犯人判决死刑之后，要经过五次审查。李世民对这个制度非常重视，他也常到大理寺提审死刑犯。但后来，他又发现问题：很多案件一日之内五次审查就结束了。这样的话，五覆奏基本上就是走流程，不能真正发现问题。于是他又下一诏，说："以后京城的案子两日之内五覆奏，其他州县两日之内三覆奏。"冤案因此有了平反的机会。李世民还不放心，又说："按着条文定罪，恐怕还是有冤屈的人。从今以后，由门下省复查，如果依据法律应当判死刑，但情节又有可怜悯的，要记录上奏，让我知道。"

贞观期间，全国死刑犯人数不多，与李世民的宽仁慎刑思想很有关系。李世民命长孙无忌、房玄龄与学士、刑法官员们讨论修改法律，讨论结果是将五十条绞刑之罪改为断右趾。李世民还是觉得太残忍，说："这种肉刑废除很久了，还是改为别的吧。"蜀王的法曹参军裴弘献说："那就改为流放三千里，居住劳作两年。"李世民表示同意，下诏改律。李世民并不轻易使用大赦。他说："宽赦是小人之幸，君子之不幸。一年之中要是有两次大赦，就会使善良的人不敢再说话。因为杂草会侵害谷苗，赦罪会使善良的平民遭殃。所以我即位以来，不想屡次发布赦令，也是担心小人有恃无恐，为所欲为。"

对于刑律条文的简约明确，李世民也颇有见解。他曾对侍臣说："国家法令，必须简约。不能一种罪行可以依好几条法律判罚，否则会被定成几种不同的罪名。条文太多，法官不能都记得住，还会使法官萌生奸诈之心。他想要让犯人出罪，就引用较轻的条款；想要让犯人入罪，就引用较重的条款。因此在制定法律条文的时候，一定要细致审查，不要使法律前后产生冲突。"

此外，李世民还放宽了很多严苛的法律规定。戴州刺史贾崇以的下属犯了十恶之罪，贾崇以遭到御史弹劾。李世民说："过去尧那么圣明，他的儿子丹朱却刚烈暴躁；柳下惠是极贤良的人，他的弟弟盗跖却是大恶之人。这些圣贤之人，都不能使自己的至亲改变，去恶从善。现在却要求一个刺史教化他的下属全都归于善道，怎么可能呢？如果因此将刺史贬职降罪，恐怕以后就会上下相互掩饰，不再把罪人暴露出来。从今以后，州中若有人犯有十恶罪，刺史不需要连坐，让他纠访清楚，肃清奸恶就可以了。”他还唯恐官员执法不能宽平，对大理卿孙伏伽说：“造盔甲的人，都想盔甲越坚硬越好，怕被人刺透；造箭的也希望自己的箭越锋利越好，唯恐不能伤人。为什么会这样呢？因为他们各有自己的职责。我常问法官我们的刑罚到底是轻了还是重了，法官们都说我们的刑罚比历代都要宽大。可是我仍然担心法官利在杀人，危人自达，以钓声价。所以一定要防止用刑严酷，判罚务必宽平。”

李世民有一句极富现代法律思想的话，他说：“法者，非朕一人之法，乃天下之法。”能在以皇权为中心的等级森严的社会中讲法是天下人的法，真是难能可贵。

轻赋役，不违农时

贞观初，李世民曾对侍臣说：“凡事皆要重视根本。国家以人民为根本，人民以衣食为根本。而经营衣食，最重要的是不违农时。不违农时，对于国君来说，只要简政安民，无为而治就可以了。如果总是打仗，大修大建，想不违农时，怎么可能呢？”

这段话原原本本地继承了孟子的民本思想。孟子强调：“不违农时，谷不可胜食也。数罟不入洿池，鱼鳖不可胜食也。斧斤以时入山林，材木不可胜用也。谷与鱼鳖不可胜食，材木不可胜用，是使民养生丧死无憾也。

养生丧死无憾，王道之始也。”

李世民在贞观年间将这个政策贯彻得比较好。有一年，长安大旱，蝗虫铺天盖地袭来，只见黑压压一片云飞来，无数的蝗虫落在麦地里，“刷刷”像落雨一样，不多时就把叶子、嫩茎吃得干干净净，瞬间又全部飞走。蝗虫过去之后，地里只剩光秃秃的秆子，庄稼颗粒无收！李世民忧心如焚，他带领百官到皇宫后苑察看那里的禾苗，见到还在爬动的蝗虫，捡起几只，诅咒道：“人以谷为命，你却吃了它，这是在戕害百姓。百姓有过，错也在我一个人，你如果有灵，应当把我的心吃了，不要再害百姓。”于是拿起一只放到嘴里要吃掉。左右大臣赶紧阻拦：“恐怕会生病，陛下不可以吃！”李世民说：“我只希望能把灾难降到自己的身上，哪里担心会生病呢！”于是就吞吃了。说也奇怪，据说自此以后，蝗灾就消失了。

后来李世民的曾孙李隆基也学曾祖食蝗灭灾。唐玄宗食蝗之后，官员把百姓组织起来灭蝗，终于从虫口夺下一些粮食。史书上记载一些贤吏食蝗为百姓祈福的事情，不止一端，但皇帝食蝗，恐怕是从李世民开始的。没有相当大的勇气和决心，真是不易做到！

在古代，农业是国家的根本。没有衣食就没有百姓的安居乐业，更没有国家的稳定。李世民继位以后，坚持实行轻徭薄赋的政策，多次减免农民的赋役，因此国力恢复很快。

贞观五年（631），礼部的官员上疏说："太子将行冠礼，宜选在二月为吉。请追加士兵以准备仪式。"李世民却说："二月正好是播种的季节，恐怕会妨碍农事，还是改在十月吧。"太子少保萧瑀上奏说："阴阳家测过时间，最好的时间是二月。"李世民反驳说："阴阳这一套，我并不相信。如果做什么事都要按照阴阳家的说法，而不顾事理，这样还能求得福佑吗？如果所行的都遵守正道，自然会吉利的。何况，吉凶都是人为的，哪要受阴阳的拘忌！农时是最重要的，不可以错过。"结果依李世民所定，太子李承乾的冠礼改在十月举行。

李世民极好畋猎，尽管长孙皇后临终时曾反复叮嘱李世民少去打猎，可是他还是时常外出游猎。贞观十四年（640），李世民决定去栎阳打猎。栎阳县丞刘仁轨连夜赶到李世民的行宫，劝阻这次狩猎。因为当时正值秋收，如果此时围猎，势必影响农民收割，破坏已经长成的庄稼。李世民一听，立即就放弃了打猎计划，事后又提拔刘仁轨为新安县令。

李世民这些举措后来取得了极好的效果。贞观十六年（642），天下大丰收，米价大多一斗值五钱，便宜的地方一斗只卖到三钱。李世民非常高兴，对自己轻徭薄赋、力行节俭的政策取得的结果开怀不已。他对身旁的人说："我常常想赐给天下人财富，让每一个人都富贵。可是，怎么才能做到呢？我现在省徭赋，不夺农时，使邻屋居住的人，都可以尽力耕种，他们自己就富了起来。

富起来以后，百姓便会敦行礼教，使乡里之间，少敬长、妻敬夫，这就是贵了。只要天下都像这个样子，即使我不听歌乐，不四处畋猎，也可以乐在其中了！”

他教育正在吃饭的太子李治说：“你要知道耕种的艰难，这些都是出于人力。不夺农时，你才能常常有饭吃。”临终前，他在自己的遗诏中写道：“我对天下苍生，可以说能够使他们得到安养了。”不夺农时，让百姓休养生息，安定富足，这是李世民至死都觉得骄傲的事。

荒野变良田

武德元年（618），李唐在长安建国，可是大半天下还没打下来。直到武德四年（621），中原的主要割据势力才被李世民消灭。武德九年（626），李世民在玄武门之变后被立为太子并很快登基，改年号“贞观”。数年之间，虽然全国没有发生较大规模战争，但农业恢复得很慢，乡间仍然四处荆棘，荒草横生。

这种状况的改变，均田制功不可没。均田制规定：十八岁以上的中男和丁男，每人受永业田二十亩，口分田八十亩。老男、残疾者受口分田四十亩，寡妻妾受口分田三十亩，这些人如果为户主，每人受永业田二十亩，口分田三十亩。杂户受田如百姓。工商业者、官户受田是百姓的一半。道士、和尚给田三十亩，尼姑、女冠给田二十亩。此外，一般妇女、部曲、奴婢都不受田。均田制在唐以前就存在，但并没有大规模实行。唐初人口锐减，大量土地抛荒，实行均田制条件成熟。均田制实行以后，百姓努力垦荒，耕地增多，社会财富很快积累起来。

此外还有贞观时期实行的租庸调制，这个制度在赋税比例上与以前相比略有降低，而且允许以纳绢替代徭役，允许土地买卖，这种灵活性对农业发展有一定的促进作用。租庸调制还规定，发生水旱灾害时可减免租调赋税。这些政策有效推动了农业生产的复苏。直到安史之乱，由于土地的集中，人口的变化，租庸调制才没能继续实施下去。但可以说，均田制和租庸调制是实现贞观之治和开元盛世的经济基础。

贞观初年，土地荒芜，一匹绢只可以换一斗米，到了贞观六年（632），连续好几年风调雨顺，粮食丰收，一匹绢可以换到十余石粮食！

除了政策上的保障，李世民的宣传工作做得也很好。为了劝课农桑，他恢复了废弃多年的“藉田”之礼。藉礼始自商代，到春秋战国时已不复传。秦汉以后，皇帝主持藉礼，亲自下地犁田撒播，用以表示重视农业，勉励百姓勤奋耕种。李世民特地颁布了《藉田诏》宣布正式恢复藉礼。贞观三年（629）正月，李世民先设礼祭祀神农氏，然后下田，拿着农具亲自耕作。这个仪式废弃已久，突然施行，远近的百姓全都赶来，观者如堵，官吏百姓欢呼雀跃。另外，每年三月初十，长孙皇后都会带着后宫妃嫔及宫外有爵号的贵妇举行躬亲蚕事的典礼。

李世民不仅在藉田仪式上亲自下田，还在皇宫后苑里种了数亩地。他对大臣说："国以人为本，人以食为命，若是禾谷不丰收，恐怕是我不亲自耕作所致。"他有时去锄草，不到半亩就觉得劳累，便对旁边的人说："百姓真的是太辛苦了。"他要求中央的官员去州县劝农时，不许州县官员迎来送往，劝农一律要到田间地头。李世民的政策和行动促使一大批官员在重农劝桑之事上做得极好。洛州都督窦轨将所有适宜耕种劳动的丁男全部遣去务农，命令属县将那些游手好闲的懒惰男子全都整治一番。从此，洛州的官员百姓都遵纪守法，风化整肃。

李世民还很重视农业人口数量。他规定，耕田的农民，不许转为工匠和商人；工商从业者转入农耕者，可以免除"调"。调就是每丁每年向国家交纳的纺织物，为绢两丈、绵三两（或布两丈四尺、麻三斤）。商贾还须在发生天灾人祸时为义仓出粟。商人按资产分为九等，出粟五石到五升不等。李世民还革除了在典礼上杀牛的传统。他认为牛对于耕种非常有帮助，宰杀太多有碍农耕。

盛世滋丁

贞观初，全国人口总共约有两百万户；到了贞观二十二年（648），已达三百八十万户。二十余年间，人口总量增长接近一倍，这是相当惊人的增速。人是国家最重要的资源：有人才能开荒，才能种粮种棉花、养牛羊蓄蚕桑，才能向国家纳税，才能为国家戍边守疆。

战国时，野心勃勃的梁惠王对孟子说："我对于国家，是相当尽心了。河内水灾，我就把老百姓移到河东，把河东的粮食运到河内；河东发生水灾也一样。我看邻国的国君没有像我这样用心的，为什么邻国的百姓数量没有减少，我的百姓数量也没有增多呢？"他把执政结果的好坏归结为百姓数量的增减，可见人口数量对国家的重要性。

李世民比梁惠王要智慧多了。他即位之初，就发诏释放宫女。贞观二年（628），李世民又下诏释放一批宫女，两次合计三千多人。李世民下诏书说："现在放出宫女，任她们婚配。我不只是怜惜花费，也是为了她们能够得享天性。"不过这几千宫女对于全国人口的增长只是九牛一毛，杯水车薪。

李世民真正的大手笔是将被突厥掳去的汉人召回，并花钱赎回了大量人口。隋末战乱时期，住在边境的汉人有不少为避乱进入突厥领地，也有一部分是被突厥掳掠过去的。李世民刚继位时，突厥颉利可汗前来进贡，李世民就表示谢绝牛羊，要求颉利归还所掠夺的汉人。从此以后陆续有汉人从突厥归来，至贞观三年（629），总共约有一百二十万人回乡，归附唐王朝。即使如此，突厥之地的汉人也还未尽归。贞观三年，唐与突厥打仗时，张公谨说：“在北方突厥的汉人很多，他们屯聚在一起，有的还占山据险，我们攻打突厥可以得到他们的响应。”贞观四年（630），突厥投降，李世民派使者带着金银玉帛从突厥赎回汉人男女近八万人。同一年，党项族、羌族来归顺唐朝的又有三十万人。赎买汉人回乡的政策，到李世民晚年都一直未停止。

贞观期间，从突厥及四边回归唐帝国的汉人，总数大约有两百万。这不仅是李世民武力要挟、财力赎买取得的结果，更多是因为唐王朝国内稳定、经济繁荣，百姓安居乐业，对居于异国的汉人有强大吸引力，回归是人们的自发选择。想想孔子说过的：“远人不服，则修文德以来之，既来之，则安之。”这样理想的状态，谁能做到呢？而李世民便做到了！

谈到人口增长，不能不提起唐军在打败各地起义军后，召回逃亡的败军将士的举措。建国之初，那些败于唐军的散兵游勇大多逃到山中躲藏起来。李世民即位之后，立即下发大赦诏，宣布所有的败军，只要回乡，一律不予追究；同时规定，继续躲在山谷并私藏武器，百日之内不自首的，一律复罪如初。大赦诏一下，那些起义失败的农民纷纷回到家乡，重新拿起锄头从事生产。贞观十六年（642），李世民又下诏令全国各地流浪没有户籍的人，在次年要全部归户。

李世民执政期间，令战后的士兵回到土地上，令宫中多余的宫女回到民间，令流亡的百姓入户，令逃亡四夷的百姓回归，又赎买了大量被掠夺的汉人。经过二十余年努力，终于使全国人口总量增长了近一倍。

怀德以长治

治民应该施行教化，还是应采用严厉的刑罚，在李世民登基之初曾有一场激烈的争论。当时，魏徵与封德彝各持己见。魏徵认为，大乱之后，民心思安，此时施仁政行教化，会很快见效。他说："人在危难之中，就担心死亡；担心死亡，就想要有礼仪制度；想要有礼仪制度，就需要施行教化。所以国家动乱以后易于施行礼教，就像饥饿的人易于喂食一样。"李世民担心国家处于动乱未定的状态，施行教化在短期内难以达到目的，魏徵称："三年成功，犹谓其晚。"封德彝不同意，他认为尧、舜、禹之后，世风浇薄，秦汉皆用重典迅速安定社会秩序，是因为施行礼教无法达到目的。魏徵以商周皆以教化治国取得民心与天下的事实论辩。大家都认为魏徵的话不可行，赞同封德彝的人居多。而李世民沉思之后，采用了魏徵的建议，决心施行教化。

其后，李世民励精图治，数年之内，海内康宁，四夷宾服。他对大臣们说："贞观初的时候，大家都上疏劝我说王道必不可行，又说应当炫耀武功以震慑四夷，不能对他们行王道，只有魏徵劝我偃武修文，中国就会安宁，四夷自然臣服。我听了他的话。现在仅仅过去几年，就擒获了颉利，他的部落都穿起了汉服。现在华夏安宁，远戎宾服。还是魏徵说得对啊。”

怀德以治，才可能做到长治久安。一时以强权来统治，虽可使政权暂时稳定，却不能达到繁荣安宁、四夷宾服、百姓咸来归附的盛世之景。

他曾对黄门侍郎王珪说：“隋开皇十四年（594），天下大旱，百姓饥荒。这个时候国家仓库全是满的。然而隋文帝竟不下令赈灾救亡，而是把百姓赶离粮仓。隋文帝是不爱护百姓而爱惜粮仓啊。到了文帝末年，天下储藏的粮食，总共够吃五六十年的。炀帝登基后，依仗着这笔储蓄，奢侈无道，最后导致隋朝灭亡。说起来，炀帝的灭亡与国家积蓄过多有关系啊。对于治理国家来说，必须使财富积累在百姓的手中，而不是堆在国库之中。古人说‘百姓不足，君孰与足’，讲的就是这个道理。仓库只要储备得够防范灾害之年就可以了，存那么多粮食做什么！后代子孙如果贤明，自然能够保住天下；如果不贤，仓库积累越多，越使他奢侈骄横，难免成为危亡的根源。”

李世民没有忘记“济世安民”的初衷。最典型的是设置义仓之举。义仓之设并不始于李世民。隋文帝开皇三年（583），度支尚书长孙平鉴于天下水旱灾害频繁，就向隋文帝奏请开设义仓，令民间每年每家出粟麦一石以下，按贫富不同，抽取多少不等，储于闾巷，以备凶年。隋文帝采纳了这个建议。

李世民于贞观二年（628）再置义仓。王公以下，普通百姓每亩纳粮二升以备灾年赈给，统一由官府管理。唐高宗时改为按户出粟，最多每户五石，余各有差。自武则天末年起，便以义仓粮储解决国家财政困难。唐玄宗以后更把义仓税定为国家正式赋税收入。义仓是租庸调制之外征收的税粮，也称为地税。起初地税是赈灾专项粮储，不能用作他途，只有出现灾荒才能用以赈济贫民，或贷给农民作种子，至秋后偿还。地税发展到后来，积蓄相当可观，到唐玄宗天宝八年（749），天下所储粮米达九千多万石，其中义仓就有六千多万石，占总量的六成以上。之后地税在大唐财政中的地位越来越重要。据史料记载，唐朝开征地税后，用义仓赈济贫民达一百多次。贞观期间，每次大的水旱灾害发生后，朝廷都会开义仓赈灾。义仓对国家和百姓都非常重要。取之于民，用之于民，李世民广设义仓之举成为了百姓的福音。

贞观时期，虽是唐朝吏治最为清明的一个阶段，但是李世民还是担心官吏受贿。有一次，他暗中让一个近臣去向官员行贿。结果，有一个司门令史接受了一匹绢。李世民很不高兴，认为他经不住考验，于是下令将受贿的令史处死。民部尚书裴矩不同意这种做法，于是劝谏道："官员接受贿赂，罪该当死；但是陛下故意让人送给他，则是陷害，恐怕不合'道之以德，齐之以礼'的古训。"

李世民曾对侍臣说："大家都说天子是最为尊贵的人，可以无所忌惮。但我不是这样，我上怕皇天监督，下怕群臣仰望。兢兢业业，唯恐不合天意，不孚人望。”正因为有这样战战兢兢的心态，他才能实现怀德以长治的目标。

廉政兴邦

贞观三年（629），濮州刺史庞相寿因犯贪污罪被解职。庞相寿曾是秦王府的幕僚，他的贪污情节并不严重，仅仅因为贪占一点财物被革职回乡，实在心有不甘。他回到家，左思右想，决定去找李世民再求一下情。庞相寿知道李世民是一个念旧情的人，当初刘文静下狱，李世民就曾在高祖李渊面前替他拼死陈辞，刘文静是在李唐太原起兵之初，替李世民谋划，使李渊下决心举义旗的首谋人物，也是此人出谋令李世民结交裴寂，使裴寂说服李渊。武德初，刘文静对裴寂位至尚书左仆射，位在自己之上深为不满。他常在朝堂上顶撞裴寂，后来又在家中酒后失言，扬言要杀裴寂，被自己一个失宠的小妾告发。刘文静随即被李渊投入大狱，又被裴寂诬为谋反。负责调查的萧瑀、李纲等人认为刘文静并非要谋反。当时，身为秦王的李世民面谏高祖，力陈刘文静的功绩和苦劳。李世民讲到与刘文静共同行军打仗，一起忍饥挨饿风餐露宿之时，声泪俱下。但因裴寂力主刘文静谋反，刘文静及其兄弟最终皆被处死。

李世民对待曾与自己共同行军打仗的部属尤其关爱，

这一点庞相寿很清楚。打定了主意，庞相寿入宫面见李世民，他一见李世民便跪地大哭。李世民本来一腔怒气，见此也就缓和了几分，安慰他说："你做错了事，我没有杀你，只是让你回乡种地，你何必再来惹我生气？"庞相寿说："是我辜负了陛下的一片深情厚意。当初我在秦王府，追随陛下南征北战，为陛下出谋划策，是何等风光啊！当时也未想到今后有什么荣华富贵。现在陛下委以我刺史的重任，我却不能奉公守法，一时失察，犯了大错，愧对自己半生辛苦，也对不起陛下的栽培。我现在回乡，更是无颜见家乡父老。"李世民想起当初庞相寿及其他将士与自己情同手足、共御强敌的情景，再看看现在的庞相寿已是两鬓斑白，忍不住心酸。李世民说："你得此教训，应当记住了。过些日子，你再回濮州任职吧。"魏徵对此很不满，出列谏言道："陛下为秦王时，有多少部下？如果人人恃恩妄为，不守法纪，那么所有为善之人就会害怕了啊！"李世民一想也对，实在不能开这个先例。于是，他对庞相寿说："我过去是秦王，是一府之主，现在是皇帝，是天下之主。不能够对故人偏私。大臣执意要我公正，我怎么可以违背呢？"于是只赐给他布帛。庞相寿只好含泪拜谢而去。

唐初的吏治是相当清明的，从皇帝到朝中大臣，再到地方官员，大多俭朴勤政。李世民对官吏的清廉教育从不松懈，有时候并不使用苛酷的刑罚，而是以极富个性的方式使贪污者深受教育。

贞观六年（632），右卫将军陈万福自九成宫赴京，在驿站休息时，违法取走几石麦麸喂马。李世民知道此事后，特地赐陈万福麦麸，让他从朝堂上背出去，以此令他羞愧，再不敢因小节而伤大义。

李世民也常对手下的大臣们言传身教。他曾对侍臣说："我总认为那些贪污的人不懂什么是爱财。像那些被授予了五品以上官职的人，无论在朝中还是在地方，俸禄都很优厚，一年所得不是小数。如果接受别人的贿赂，顶多数万钱。但是，万一被揭穿了，俸禄将被全部剥夺。这怎么能说是懂得聚财呢？这分明是贪小利而失大财啊！春秋时公孙仪很爱吃鱼，但他不接受别人送的鱼，因此他就可以长期凭借自己的俸禄吃到鱼。一个国家，国君贪，国必亡；大臣贪，身必灭。"

一个大臣问："国君贪，国家怎么会灭亡呢？"李世民大笑，说："你没有听说过秦惠王攻蜀的故事吗？蜀国凭借天险，据关自安。因为道路艰险，秦军难以攻克。后来秦惠王听说蜀王贪婪，就设了一计。他将五个巨大的石牛放在边境，并在石牛的后面堆了些黄金。蜀人看见了，以为石牛能产出黄金，就报告了蜀王。蜀王贪利，命人修路搭桥，让五个壮士把石牛全部拖到蜀都。结果道路一修成，秦国的军队立即攻了进来，蜀国被灭。这难道不是国君贪婪导致的吗？"

大臣又问："臣贪则身灭，何以见得呢？"李世民回答："你不知道田延年吗？西汉时，他在霍光手下担任大司农，才干超群，功绩显赫。可是修茂陵时贪污了三千万钱，事情泄露后羞愧自杀。这样的事，自古以来数不胜数啊！以后，我要以蜀王为鉴，你们也不要重蹈田延年的覆辙。”

李世民对大臣们“灌输”的廉政思想还有很多。他曾解释说：“我整天这样勤恳，不仅是忧怜百姓，也是想使你们都能长守富贵。你们要是能像我一样敬畏天地，小心奉法，不仅百姓可以得到安宁，自己也可以常得安乐。古人说：‘贤能的人多财会损志，愚蠢的人多财会犯更多错。’这话你们一定要记得！大丈夫怎么能贪财害身，使子孙蒙羞呢？你们要深思我的话。”

李世民的倡廉举措收到的效果极好。他手下许多重臣都清贫至极，且对贪腐能够自觉抵制，并深以贪腐为耻。窦静是高祖窦皇后的娘家侄子，为人耿介敢言。他在做司农卿时，少卿赵元楷好聚敛财物，窦静非常鄙视他。有一次，窦静当着下级官员的面大声说：“隋炀帝奢侈重敛，司农非你做不可；现在的天子节俭爱民，你有何用呢！”虽然赵元楷羞愧至极，但是他本性难移。贞观七年（633），为迎接李世民视察蒲州，赵元楷搞了许多面子工程，还弄了不少鱼羊送给随行的贵戚。结果被李世民当面教训了一番，他羞惭得吃不下饭，竟然绝食而亡。贞观十九年（645），李世民征高丽线束后回长安，经过易州时，司马陈元璹让老百姓挖地下室来生火种蔬菜，然后将蔬菜进贡给李世民。李世民一见大为惊奇：

天寒地冻的时节，怎么会有新鲜蔬菜？一问，才知道原来如此劳民伤财。李世民怏怏不快，越想越不舒服，于是下令罢免了陈元璹。

制礼作乐

礼乐是施行王道的重要手段。人们在日常生活中都要遵守规范，强调尊卑有序，远近和合，这便是礼；乐则是从属于礼的教化形式。李世民行王道，自然对礼乐大力推广。通常来说，一个国家长期繁荣稳定，礼乐制度就会制定得烦琐，执行得严格；在动乱时期，则会“礼崩乐坏”。

唐王朝建立初期，面临重整礼乐制度的问题。唐朝初建之时，因忙于战争，没时间改制音乐，每次国宴仍演奏隋代的旧乐。到了武德九年（626），太常少卿祖孝孙开始修订雅乐。祖孝孙斟酌南北音律，考以古音，创制了《大唐雅乐》。《大唐雅乐》融会了南北音乐，调和了江南与北胡的声律，是国家大一统的体现。贞观十四年（640），李世民平定高昌后，得到一批高昌乐工，将原来继承隋制的“九部乐”改为“十部乐”，分别是燕乐、清商乐、西凉乐、扶南乐、高丽乐、龟兹乐、安国乐、疏勒乐、康国乐、高昌乐。贞观十六年（642），李世民宴请各国来宾，就命乐工演奏了十部乐。唐代的礼仪在建国之初也是承袭隋制。李世民即位以后着手制定新礼，到贞观七年（633），由房玄龄、魏徵领衔主修的《贞观新礼》完成。但是这一套礼制不是太完备，遭到了朝廷上下的热议。李世民又让房魏二人，加上王珪，再辅以当时的饱学之士颜师古、孔颖达、令狐德棻、李百药等进行修订。此书终于在贞观十一年（637）再次修订完成，成为一部集古今礼学之大成的礼书。

制度完备以后，就是具体推行教化的问题了。礼部尚书王珪的儿子王敬直，娶了李世民的女儿南平公主。王珪说："《礼经》上记有媳妇拜见公婆的仪式。从近代起风俗浇薄，公主出嫁都不遵守这些礼仪。现在皇上圣明，要求大家遵守礼法。我按照《礼经》来接受公主的谒见，哪里是为了自身的荣耀，只是为了成就国家的美誉罢了。"于是，王珪与他的妻子坐下来，让公主亲自拿着毛巾行盥洗之礼。礼成，令公主退下。李世民听说此事后，连连称好。从此以后，公主出嫁，只要有公婆的，全都要执行这个礼节。

为了遵行古礼，李世民还建造了新的楼堂馆所。贞观十二年（638），李世民对大臣说："古时候诸侯入朝，都有洗浴的地方，并配有柴草百车，天子用待客之礼接待他们，让诸侯白天坐在正殿，晚上设庭燎，将庭院照亮。汉朝时，天子在京城为诸郡设邸舍。而现在使者入京，都要租住在外，与商人杂居，住的地方仅够容身。我们接待他们的礼节不够，必然使他们抱怨，这怎么行呢?”于是，李世民下令在京城中找一处空地，为诸州的使者建造居所。建成之后，李世民还亲自去视察。

对于一些礼制问题，李世民也常与大臣争执。贞观十三年（639），王珪上奏说：“三品以上官员，在路上遇到亲王，不应当下马。像现在这样下马对亲王表示敬意是不合礼法的，有违朝廷典章。”李世民听后不高兴，责备道：“你们是想使自己显得尊贵，使我的儿子显得卑贱吗?”

王珪一时无言。魏徵说：“汉魏以来，亲王的位置都是排在三公以下的。现在三品以上官员都是天子的六部尚书和九卿，为亲王下马，是不应当的。史书中没有这种事例，这也违背现在的宪章。按理说，确实不可以。”

李世民听后更为生气，说：“人的地位高低，不在于年纪大小。国家立太子，太子即是将来的国君。假如太子不在了，就立他的同母弟。这样一来，亲王也就可能是将来的国君。从这个角度看，你们怎么可以轻贱我的儿子呢?”

魏徵说：“商代的思想比较质朴，那时候是兄长死了弟弟继承王位。周代以后，储君必须是嫡长子，这样就可以消除庶出子嗣及长子的其他弟弟对王位的觊觎，也就堵塞了祸乱的根源。君王治理国家，怎能不深思而破坏礼仪呢?”李世民深以为然，便同意了王珪所奏。

当然，礼仪并非全是冰冷严肃的，往往与人情相关，甚至可以唤起真情。贞观十七年（643）十二月，李世民对大臣们说：“今天是我的生日，民间都认为生日是喜庆之事，我却有很多感慨。虽然我君临天下，富有四海，但我只想要父母健在，能好好地侍奉他们，却永远都做不到了。孔子的弟子仲由在贫寒的时候去百里外背米孝敬父母，等他富贵时，父母已不在世，他只能对着锦衣玉食空发叹息。对此我真是感同身受啊！”李世民念及父母养育自己的辛苦，泪流不止，说：“这是母亲生我的辛劳之时，我怎么能够设宴作乐？”于是罢宴而归。

水可载舟，亦可覆舟

李世民曾与大臣讨论：创业与守业哪一个更难？房玄龄说创业难，魏徵说守业难，因为自古帝王都是在艰难中得天下，又都是在安逸中失天下，所以守业更难。李世民说：“房玄龄与我一起打天下，九死一生，所以知创业之难。魏徵与我共同治理天下，常恐骄奢生于富贵，祸乱萌于细微，所以知守业之难。不过，创业之难已经是过去的事，守业之难还要靠我们共同克服。”

李世民是一个相当有危机感的帝王。有一次，他在与群臣讨论如何治国时感慨道：“我看古代的帝国，都是有盛有衰，就像有早晨就会有夜晚一样。这都是因为君主耳目闭塞，所见所闻受到周围人的限制。如果忠诚正直的人不说话，邪恶的人天天谄媚，君王就看不见自己的过失，国家就会灭亡。我现在处在深宫之中，不能尽知天下事，你们就要做我的耳目。不要以为天下太平，四海安宁，就不用防范。”当然，更能激发李世民危机感的是隋炀帝杨广。李世民读杨广的诗文，非常赞赏他的文采，对大臣说：“我读隋炀帝的文集，见他文辞深奥博雅，不仅知道称赞尧舜，也懂得批评夏桀商纣，可是他为什么行事却与之相反呢？”当时魏徵在侧，回答说：“即使帝王自身圣明有识，也应当虚心受教。这样才能使智慧的人勤献智谋，勇敢的人竭尽武力。炀帝倚仗自己的才华，骄傲自矜，虽然满口尧舜，却践桀纣之行。这是因为他完全不知道自己正在走向覆亡。”李世民说：“前事不远，我们要以此为鉴！”

李世民对“民贵君轻”的问题也有深入思考。他曾说：“古人有言：‘可爱非君，可畏非民。’做天子的，有道则百姓推举为主，无道则百姓弃而不用。百姓实在是可敬可畏的。”魏徵回答说：“我听古语说‘君，舟也。人，水也。水能载舟，亦能覆舟’。陛下以为可畏，确实如此。”李世民对此问题的思考也启发了不少大臣。张蕴古在进献给李世民的《大宝箴》中提出“圣人受命，拯溺亨屯，归罪于己，推恩于民。大明无偏照，至公无私亲。故以一人治天下，不以天下奉一人”，又说“壮九重于内，所居不过容膝；彼昏不知，瑶其台而琼其室。罗八珍于前，所食不过适口；惟狂罔念，丘其糟而池其酒”，将治国之道、帝王之行的道理说得淋漓尽致。李世民看后非常高兴，将张蕴古提拔为大理丞，并赐他不少布帛。

事实上，天赋极高、雅好文学的隋炀帝并非不知道自己的政权与个人的性命危在旦夕。在江都巡游的时候，他夜夜笙歌，烂醉如泥。半夜酒醒，就拄杖四处闲逛，看花开柳飞，风起云散。隋炀帝常半夜摆酒与萧后共饮。有一次，他抬头观看星象，对萧后说："外面有不少人算计我。不过，我就像是南陈后主，你就像是沈后，我们姑且饮酒作乐吧！"又有一次，他照镜子，对萧后说："好一颗头颅，该由谁砍下来呢？"萧后很惊讶，问他："皇上为什么要这么说？"隋炀帝笑着回答："世间万物都是循环更替的，贵贱苦乐也如此，有什么好伤感的？"可见，杨广并不是一个呆傻的皇帝，天性中倒有一些洒脱任性的气质。即使他知道百姓与君王是水与舟的关系，也未必在意翻不翻船！

有意思的是，萧后也是一个不介意"水能覆舟"的人。她身边有一个宫女听到外边的传言，回来告诉萧后。她听后说："你去告诉皇上吧。"宫女就对隋炀帝说了，炀帝听了很不高兴，便下令把宫女杀了。后来又有人对萧后说起这件事，她无动于衷，把玩着自己的钗花，说："天下到了这个地步已无药可救，随它去吧。别告诉皇上，免得他不痛快。"回过头来，还是与炀帝一起醉生梦死，坐等覆灭。所以说，并不是水与舟的论断高深难懂，也并不是人主不知，只是有的人主对此不屑罢了。荀子早在战国时就说过："君者舟也，庶人者水也，水则载舟，水则覆舟。"但是，能够在乎这句话，并真正践行民本思想的，才是真的伟人。

第五章　恩威并施　安定四夷

先兵后礼，安抚四夷

隋唐以前，吐蕃人就聚居于青藏高原。吐蕃人天生有着适应稀薄氧气的能力。他们可以在高原放牧并骑马打仗。与突厥人不同，吐蕃人建有城郭，以定居为主。他们在靠近河流、土地肥沃的地方种植青稞。高山积雪融化后，冲刷出的泥滩上长出茸茸的青草，吐蕃人就在这些草滩上放牧牛羊。

当时的吐蕃十分落后，既没有文字，也没有正式的政权组织。吐蕃的首领叫作“赞普”。唐初之时，松赞干布成为赞普，他只用了两年的时间，便统一了这片广袤的高原。吐蕃的势力由此日渐强盛。

松赞干布是藏族历史上伟大的领导者。他完成了吐蕃的统一，建立了完备的政权机构，发展农牧业生产，使吐蕃迅速发展壮大。藏族的文字也是在这一时期，由松赞干布派出十六名大臣到印度去学习梵文后创制的。

吐蕃民风彪悍，人们崇尚武力，擅长使用弓箭。吐蕃军队军令严明，每次作战时除非前队全部战死，后队才会进兵。相反，后退当逃兵则会被处死。因此每次打仗，吐蕃人冲锋向前，从不后退，十分勇猛。松赞干布当政时期，建立了统一而强大的军事组织。他借鉴汉人烽火台的设计，征战时发给将领一支金箭作为信物，每隔百里设一亭燧。士兵一旦发现敌情，便立即点起烽火报警。随着吐蕃日益强大起来，对外扩张的野心也蠢蠢欲动。

唐以前，吐蕃与中原从未交过手，彼此很陌生。贞观初年吐蕃崛起，李世民曾派一个叫冯德遐的使臣去吐蕃安抚，并观察情况。当时松赞干布听说突厥和吐谷浑都娶到了大唐的公主，就派了自己的使臣与冯德遐一起回长安，向李世民请求赐嫁公主，但是李世民并没有同意。

吐蕃的使者向松赞干布汇报说："我刚到长安的时候，大唐皇帝对我相当友好，答应要嫁给我们一个公主。结果正好吐谷浑王也入朝参见。他立即向大唐皇帝说我们的不好，诬蔑我们为恶一方，行事不善。大唐皇帝对我们也就冷淡了，不肯答应我们的求婚。"松赞干布一听，非常生气："吐谷浑王竟然敢从中作梗，难道以为我会怕他吗?"于是发兵攻打吐谷浑。

不管吐谷浑的国王是不是真的说了吐蕃坏话，松赞干布果真发兵攻打他，并且大获全胜。吐谷浑与吐蕃相邻，在吐蕃的东北方，面积比吐蕃小得多，且地势较低，吐蕃向下进攻势如破竹。吐谷浑溃不成军，牛羊和百姓也被吐蕃抢去不少。

松赞干布打顺了手，纠集二十万大军，接连又攻取了党项、白兰等比吐谷浑更小的少数民族政权，把军队驻扎到与唐交界的松州边上。这时他又派使者向李世民进贡了金银和绸缎，说要来迎娶公主。李世民还是没搭理他。不久，松赞干布进攻松州，轻松地打败了松州都督韩威。之后，阎州刺史别丛卧施、诺州刺史把利步利相继归降了松赞干布。这下李世民着急了。

贞观十二年（638），李世民任命侯君集为当弥道行军大总管，以右领军大将军执失思力为白兰道、左武卫将军牛进达为阔水道、左领军将军刘简为洮河道行军总管，带领五万军队攻打吐蕃。

这一仗打得相当艰苦。唐军攻打松州城十余天，毫无进展，强行登城的士兵死伤甚多。后来，侯君集以猛将牛进达为先锋，牛进达要了个聪明，把吐蕃军骗出来正面对攻，趁他们不备，又绕到后方奇袭，总算在松州城下把吐蕃军打败。这下松赞干布知道唐军的厉害了，带着军队撤回高原。不久，松赞干布派使者到长安谢罪，再次请婚。这次李世民没有犹豫，立即答应了。贞观十四年（640），吐蕃派大相禄东赞带了黄金五千两及珍玩数百件来向李世民请婚，李世民将文成公主嫁给了松赞干布。

文成公主和亲

所谓和亲，说到底就是通过结亲以息战求和。自汉代起就有不少公主嫁到匈奴去。皇帝将自家的公主嫁到四夷小国，一般是为了靖边，使对方不再来骚扰。李渊举义旗起兵时，曾向突厥借了两千骑兵并称臣示弱。当年李渊对突厥的使臣说："你们要是不来侵犯我，不侵扰百姓，我征伐所得百姓及财物全都是可汗的。"后来李唐建立，李渊不断地向突厥纳贡。一直到李唐扫平中原，突厥在李渊父子身上榨取了不少油水。可是，李渊父子内心其实是不服的，突厥与李唐的战争是迟早的事。

突厥雄踞于北方，当时基本是整个欧亚大陆上军事力量最强大的组织。从隋代开始，突厥就不断与汉族政权打仗，隋炀帝亲征突厥，差点命丧雁门关。那一仗李世民也曾参与，后来也正是他以疑兵之计智退突厥。可以说，隋唐两代与突厥之间仇恨颇深。在隋朝短短的三十八年中，先后有五个公主和亲，其中嫁给突厥的就有三个。不论怎么说，对于弱者而言，和亲只是一个能暂时苟安的政治手段。

贞观时和亲的第一个公主是李唐宗室的女儿，她被封为弘化公主后，于贞观十四年（640）嫁给吐谷浑的国王诺曷钵。第二个和亲的公主即后世名声显赫的文成公主，文成公主也是宗室之女，于贞观十五年（641）嫁给了吐蕃赞普松赞干布。

贞观九年（635）正月，松赞干布派大相禄东赞到长安向李世民请求通婚。禄东赞仪表堂堂，气宇不凡，谈吐应对落落大方，完全没有小国的鄙陋之气。李世民一见禄东赞，甚是喜欢，想把琅琊长公主的外孙女段氏许配给他。禄东赞不答应，说："我在国内已有妻室，父母所聘，不能抛弃。何况赞普还没有得配公主，我怎敢先娶！”李世民听闻此言对他越加佩服，想给禄东赞更多赏赐，禄东赞都回绝了，一心只想为松赞干布求亲。李世民便将文成公主许嫁给松赞干布。文成公主是宗室之女，美丽聪慧，勇敢坚毅，且极有学识。而且她信仰佛教，对吐蕃后来的宗教及文化产生了重大影响。

贞观十五年（641），禄东赞到长安来接亲，李世民派出江夏王李道宗护送，并让他带了不少陪嫁品，浩浩荡荡地向逻些（即今天的拉萨）进发。在文成公主带进吐蕃的物资中，除金银珠宝外，最重要的是多种经学、医学、营造类的书籍和农作物种子。松赞干布亲自远迎，向唐使李道宗行子婿礼。在娶文成公主的两年前，松赞干布已经与波婆罗（即今尼泊尔）的尺尊公主联姻。文成公主进藏后，成为松赞干布的第二个妻子，与松赞干布共同生活了十年。这期间，吐蕃一直没有与李唐发生军事冲突，入藏的文成公主也不遗余力地引领着吐蕃向前发展。文成公主初进藏时，松赞干布脱下自己穿的皮袍，特地换上汉人的绸布衣服去见她。文成公主见到吐蕃人脸上都涂着厚厚的赭红色染料，觉得既不美观又不卫生，便向松赞干布建议去除这一风俗。松赞干布也知道自己的民族在文明上远远落后于大唐，于是不顾臣民的反对，下令全民不许再涂这些东西。此外，松赞干布在文成公主的建议下，把贵族子弟都集中起来学习《诗经》《尚书》，并选派优秀子弟到长安学习。

李世民去世的第二年，远在高原之上的松赞干布也离世了。唐高宗李治派专使到逻些吊祭，还为松赞干布塑石像，列于李世民昭陵之侧。松赞干布与文成公主并无子女，松赞干布去世后，文成公主又活了三十年，一直住在吐蕃。她设计并协助建造了小昭寺。她带去的农书、医书、历书对藏族的文化发展起到了重要的推动作用，汉族的纺织、制陶、酿酒工艺也传到了吐蕃。680年，文成公主去世，吐蕃为她举行隆重的葬礼，唐朝也派出特使吊祭。

智退突厥

杰出的军事家不仅能在兵力保持优势时获得胜利，还应当能在完全没有优势时避免惨败。避免失败不是一件容易的事。应对瞬息万变的情势，若没有智慧和胆量，肯定是不行的。李世民就曾上演过一场以弱退强的好戏。

武德七年（624），还是秦王的李世民在长安城内与李建成、李元吉二人“宫斗”，双方正拼得热火朝天时，突厥突然大军压境。虽然突厥一直接受李唐纳贡称臣，但一到冬季闲来无事，就跑到汉民区抢掠。李渊不堪其扰，因为没实力反击，也束手无策。这一次，突厥从三月份，自原州一直抢到朔州，六月打到山西左云。他们在代州被守兵击败，回侵朔州，被唐将秦武通的军队打败。突厥再回击原州，李渊调了宁州刺史鹿大师去救援，又调灵州总管杨师道去大木根山抄突厥的后路。突厥又袭击陇州，尉迟敬德前去迎敌。突厥一时没占到便宜，当月十五日又突袭平凉的阴盘。

这时，李唐内部发生了激烈的争论。李渊苦于连年受突厥侵袭，于是决定迁都。李建成、李元吉兄弟俩支持这一决定，而且李渊最为宠信的重臣裴寂也十分支持。但李世民坚决反对，他说："未听闻有避让之法可躲开豺狼的，唯有打败突厥，才能解决边患。"李渊深以为然，便收回成命，取消迁都，任命李世民为统帅，全力迎战突厥。

突厥此时也在激烈讨论，是一举消灭李唐，还是保留它，年年吃进贡呢？他们分析之后认为，现在李唐肯定要统一中原，原来那些割据势力都已经被李家父子消灭得差不多了。突厥迟早是要与李家父子对垒的，不如趁现在李唐的势力还不够强大，一举歼灭为好。于是突厥倾全力来攻打李唐。

当年七月二十一日，李渊派李世民出豳州道迎战突厥。八月十二日两军相遇在五陇阪，双方摆开阵势准备拼死一战。突厥在到五陇阪之前已经连续攻下了原州、忻州、并州，直到被绥州刺史刘大俱击退。突厥当时的可汗有颉利和突利两位，颉利是大可汗，突利是小可汗，二人是叔侄，但一向不和。五陇阪一战，突厥大小可汗带了最精锐的一万兵马参战，李世民与弟弟李元吉带的兵马因连日行军已经疲惫不堪，再加上粮草被阻断，战斗力堪忧。

当时关中地区一直下着大雨，李元吉和许多部将都认为敌强我弱，应当紧闭城门拒敌，李世民坚决不许。这时，突厥摆开了阵势，一遍遍地敲着战鼓。就在颉利可汗以为李世民不会出阵迎敌之时，李世民突然带着一百名骑兵飞奔到突厥阵前，大喝道："颉利小人，你背盟负约，食我民脂民膏多年，真乃豺狼野种！你以为我李世民会怕你吗！有种的咱们单打独斗，我这一百骑兵足够踩平你的虾兵蟹将了！"李世民说完哈哈大笑。颉利在雨中犹疑起来，不明白李世民的用意。李世民用兵一向神出鬼没，只见他轻装上阵，又谩骂不休，莫不是诱敌之计？颉利没敢操兵器打上来，按兵不动想再看看情况。李世民又策马逼上前来，叫了旁边的将领："你再去这样骂一遍突利小贼！"突利也是没敢吱声。他不知李世民葫芦里卖的什么药，不敢上前接招。李世民哈哈大笑，又驱马到了突厥军营的壕沟前。这下颉利沉不住气了，大雨中他隐隐地听到李世民的部将对突利说什么盟约，渐渐担心起来。这两个可汗一向不和，各怀鬼胎。颉利想，如果突利与李世民勾结，这会儿打起来，自己两面受敌，搞不好还会丢掉性命。于是，他对李世民大喊："秦王暂且留步，今日雨大，单打独斗也显不出咱俩的厉害，不如来日决一死战。我退兵一里，各自坚营如何？"李世民答："来日就来日，我怕你什么？来日一样斩你的狗头。"骂完便引兵回营。

回营之后，诸将仍旧心惊，若真打起来，胜负难料。李世民分析道：“连日阴雨，突厥所擅用的弓箭已不好用。弓上的筋胶由于阴雨受潮而发黏失效，弓不可用，对突厥来说，就像是飞鸟折翼！而我们住在房屋之中，所带兵刃都锋利适用，不趁机攻打他们还等到什么时候?”于是，李世民冒雨又将自己的军队向前推进一段。突厥巡夜者见此情景惊骇不已。当天夜里，李世民派了口舌灵利之士去游说突利联唐：第一，分析双方实力和形势，对突利说明与唐朝死磕没有好果子吃，对双方都不利。第二，即使突厥一时胜了，突厥不会农耕，中原又不适合放牧，他们没有占到多大的便宜。第三，如果突厥一家独大，没有人可以控制颉利可汗，突利便永远没有出头之日。而且颉利心胸狭小，手段狠毒，长期与之争权，突利未必有好下场。第四，如果突利归顺大唐，大唐肯定愿意帮忙灭了颉利，并扶持突利。突利可汗最终被说动了。

次日，颉利可汗要打开营门摆阵攻敌，可突利就是不干。颉利无奈，只好派了阿史那思摩来求见李世民请和。李世民顺水推舟，拿出早就拟好的停战协议，订了盟约，双方撤军。

一场重大的危机就这么被化解了，不得不说李世民实在是聪明！这个离间计用得恰到好处、恰值其时。不过突厥也没有恪守信用，虽然签了盟约，照样小抢小闹。不过，突厥这一年没占到什么便宜：先在鳞游杜阳谷被柴绍打败；九月初六，又在绥州被都督刘大俱打败，刘大俱还活捉了三名突厥贵族。

恫吓颉利

与汉武帝刘彻相比，李世民建立武功的难度要大得多。刘彻上台之前，大汉已经过几代皇帝的励精图治，有了充分积累。刘彻的祖父汉文帝、父亲汉景帝都是持家勤俭、兴国有方的好皇帝。刘彻当家之时，全国有两三千万人口，国富民强。大将卫青、霍去病远征匈奴，动辄出动人马数十万，烟尘遮天蔽日。李世民没有这样的家底，甚至与隋炀帝相比，也显得寒酸。隋朝中期，全国有九百万户百姓，而李世民执政之初，连两百万户都不到，到了贞观后期，全国也才有三百多万户。冷兵器时代，打仗拼的是人命，后勤补给靠的也是家家户户交纳的粮食。人少，是很严重的问题。

不过，这些都无法阻挡李世民一统天下，成为“天可汗”的步伐。因为李世民是一个比刘彻更高明的军事家，兵法用得滚瓜烂熟，出神入化。三十六计中真的应该加上恫吓之计，有时恫吓也是可以解决大问题的。兵法讲究攻城为下，攻心为上，不折人之兵，不费己之卒就能退敌，当然是上上计。武德九年（626）李世民就玩过这么一招，后来与突厥结成便桥之盟。

武德九年六月，发生了玄武门之变，李世民杀了太子哥哥和齐王弟弟，让父亲李渊当太上皇。这时候李唐虽建国九年，但是一直在与全国各地的“反贼”打仗，来不及充实国力。十二月，李世民刚当上皇帝没几天，突厥又来趁火打劫，想大肆抢掠一番。

颉利、突利两位可汗带着二十万兵马浩浩荡荡地朝长安杀过来，京师震动。富人们早早地收拾细软逃命，穷家小户也惊慌不已，胡乱逃窜。长安城内一片混乱，李世民下令全城戒严。八月八日，颉利的前锋杀到便桥（即西渭桥）之北并驻扎下来。这里距长安不到五十里，新君李世民面临着巨大的挑战。

颉利可汗派了高级将领执失思力入朝打探情况，并要挟李世民。执失思力在朝堂上虚张声势，威胁说："我们两位可汗带了百万大军兵临城下。你是战是降给个话，我好回去复命。"李世民厉声道："我与突厥结盟为亲，曾与你们可汗当面约定，现在你们又擅自违约，带兵打到我的地盘上来。我问心无愧，你还敢自夸强盛，我先把你给杀了！"执失思力被吓得不轻，立即道歉，请求李世民让自己回去复命。站在一旁的大臣萧瑀、封德彝等人奏道："陛下勿怒。现在大军压城，且两国交兵不斩来使，宜将执失思力礼送回去。"李世民说："不是这样的。现在我要是把他放回去，突厥一定以为我惧怕他们。"李世民下令把执失思力关起来，对大臣们说："颉利是听说我们国家有变，知道我刚即位，以为我不敢迎击。现在要是闭门自守，他们一定会纵兵大肆抢掠，难以收拾。明天我要亲自出去迎敌，以示轻敌。再炫耀一下军容，让敌人知道我下决心要死战。能不能以军威恫吓突厥，就在此一举了！”于是，李世民连夜布置了浩大的军阵。

第二天，李世民一身金甲，兵刃闪亮，策马向渭水便桥而来，他只带了高士廉、房玄龄等六人。李世民隔着渭水向颉利可汗喊话，责备他背信弃义，违约南侵。李世民言辞滔滔，一番讲得话义正辞严，气势逼人，颉利顿时哑口无言。这时，李世民布置的军队慢慢出现了。只见漫野皆是唐兵，旌旗连绵不断，刀戟森然，寒光闪闪，军容整齐肃杀，阵形一丝不乱。更可怕的是，唐兵之多，一眼望不到头。颉利可汗大惊，这时又传来线报，说执失思力被唐朝扣押。看样子李世民早就做好了准备，志在必得。颉利心中大惧，便同意和谈。

李世民通过一番表演，达到了不战而胜的目的！这一幕，与武德七年（624）五陇阪之战有异曲同工之妙。那一仗靠的是离间计，而这一仗则是以恫吓退敌，居然也达到了目的！李世民胆略和智慧兼具，实在是古往今来屈指可数的军事奇才。

第二天，颉利可汗与李世民就在便桥之上斩白马，举行仪式，签订盟约，两国罢战休兵。颉利带着二十万突厥士兵回到了塞北。不过对这件事李世民深以为耻。直到四年后李靖打败了颉利可汗，以三千骑兵攻克了突厥的重镇定襄，李世民对李靖感叹道：“你这是报了我便桥之羞啊。”

收服吐谷浑

李唐西边有一个部族——吐谷浑，吐谷浑人是鲜卑族慕容氏的后代，西晋时从辽东迁来，在今甘肃、青海一带活动。吐谷浑本是他们的祖先名，后来也成了族名。吐谷浑人放牧养马，后来也学着种植大麦、豆子。再后来他们发展壮大了，也跑到汉人地区抢掠，与中原的军队发生摩擦。隋朝的时候，隋文帝采取了和亲政策，把光化公主嫁给吐谷浑的世伏可汗。

李唐建立后，自武德初，吐谷浑就一直与李唐联系密切。所谓联系密切，双方除了交换农牧产品，也不断地在边境小打小闹。唐朝边境的兰州、凉州、岷州，没少受吐谷浑的侵扰。李世民即位后，一向主张对内求发展，对外求和平。不过，这个和平是想和就和，不想和就打和。突厥就是不想和而打和的。吐谷浑这边，大唐一直没腾出手来大打，每次派兵去打，人家早就闻风逃跑了，来年又来侵扰。贞观四年（630），突厥被大唐扫平，而吐谷浑仍继续骚扰大唐的边境，还扣押了使者。

贞观八年（634）底，李世民决定收拾一下吐谷浑。李靖当时已经六十五岁，腿脚不好，常在家休息。李世民赐给他一根灵寿杖，又给予优待：没事就在家待着，隔几日可到门下省、中书省去听听国家大事，一切待遇从优。李世民想打吐谷浑，找别人不大放心，找李靖又不忍心。不过，李世民还是透了点口风出来，对大臣说："要是能得到李靖为帅就好了。"李靖是聪明人，听到了风声，立即跑到房玄龄那里，对他说："我李靖虽然年老，但行军打仗没问题！"房玄龄一听这话，转身就跑到李世民那儿汇报，他也知道李世民正等着李靖回话呢！

李世民立即封李靖为西海道行军大总管，统帅兵部尚书侯君集，又派了任城王李道宗、凉州都督李大亮、岷州都督李道彦、利州刺史高甑生等一帮悍将跟随李靖出征。贞观九年（635）四月，李靖大军先到了青海湖东边的鄯州，驻扎休整一番后，兵分五路进击吐谷深。

伏允可汗一听李靖带着唐军杀过来，立即望风而逃。李靖毫不犹豫，命令李道宗紧跟着慕容伏允，一追就是十天。伏允又逃入深山，打算据险死守。李道宗派了一千精兵从山后面袭击。伏允腹背受敌，只得拼命逃跑，唐军就接着追，先后在曼头山、赤水源打败吐谷浑，缴获大批牲畜。一直追到伏俟城，伏允可汗又弃城而逃。伏允可汗害怕唐军追击偷袭，下令放火烧荒。他继续向西跑。李靖手下的将领犹豫了，再追的话，没有冬草，马瘦人疲，后果难料。这时李靖改变了策略，命令兵分两路：北路军由李大亮带领，直接追杀伏允；南路军由侯君集、李道宗带领，对吐谷浑形成夹击之势，自己则坐镇伏俟城。

侯君集、李道宗的南路军追击得相当不易，他们从海拔三千多米一直爬到五千多米，穿过了两千多里的不毛之地。那里积雪终年不化，只能马秣雪，士糜冰。但是，唐军不仅存活了下来，还在乌海大破吐谷浑。五月，喘过气来的吐谷浑集合了几万人准备反攻，北路军先锋薛万均、薛万彻兄弟被围。唐将契苾何力率兵来救，唐军反败为胜。接着，执失思力又大败吐谷浑于茹川。李靖大军会师于大非川后，翻过积石山，追到了吐谷浑的西部边境。此仗乃古代战争史上的奇迹，共追敌五千里！再往西就是今天的塔克拉玛干沙漠了！慕容伏允慌不择路，率残部逃入沙漠。

李大亮打败了吐谷浑的残部后面临选择：是带着部队进入沙漠，还是撤回？人马都得喝水，谁知道沙漠里能不能找得到水源？沙漠地形变幻莫测，谁知道能不能找着北？更何况还得去逮那个伏允可汗。薛家兄弟打算撤兵，契苾何力不同意，追了几千里难道还是让那家伙给跑了？不行！他带着手下骑兵，也钻进了沙漠。

七绝圣手王昌龄有一首诗，说："大漠风尘日色昏，红旗半卷出辕门。前军夜战洮河北，已报生擒吐谷浑。"讲的就是这一仗。据说伏允可汗逃进沙漠后以为没事了，谁知没几天，又看到了唐军的旗帜。伏允可汗这下彻底心碎了，于是找了根绳子上吊死了。也就是说，契苾何力生擒的可能是伏允的儿子慕容顺。

李世民彻底把吐谷浑打趴下了。后来李世民册封慕容顺为西平郡王，让他还统管原来的属地。不过，慕容顺已经老实多了，不敢再到大唐的边境踩踏庄稼。慕容顺死后，儿子诺曷钵继位，李世民把弘化公主嫁给他，又封其为青海国王。

智将李靖

李世民是天生的军事家，但是能够打胜那么多令人叹为观止的战役，不是靠他一个人就能做到的。李世民手下有一批天才纵横的军事家，这才是他无往不胜的原因，其中最杰出的应当算李靖。大唐能够彻底摆平东突厥，端了颉利可汗的老窝，解决多年来的心头大患，如果没有李世民与李靖的内外配合，恐怕难以那么快解决。

李靖其人，史书上说他看似木讷不大有口才，但办起事来毫不含糊。他为人公允无私，打仗缴获的战利品，都分给将士。此人深谋远虑，心思奇异，打起仗来绝对是优秀的帅才。

李世民刚登基时，任命李靖为刑部尚书，因其功劳卓著，实封他四百户。贞观三年（629），李靖转到兵部当尚书。这一年，突厥内部出现了分裂，矛盾丛生，上下离心离德，互相倾轧。李世民暗下决心，此时不打，更待何时？贞观三年，李世民任命李靖为代州道行军总管，命张公谨为副，开始攻打突厥。李靖带领骁骑三千，从马邑出其不意直趋恶阳岭。这可是深入突厥的腹地！突利可汗完全没料到，在这么遥远的地方能见到大唐的骑兵，大惊失色道："唐军要不是倾国而来，李靖怎么敢孤身到这里呢?"于是带领人马没命地向北逃。李靖带着骑兵在后狂追。突利被吓得魂飞魄散，只要一停下来，就能看到李靖的骑兵部队举起的大旗。当夜，两军驻扎下来，遥遥相对，李靖派间谍去突利帐下策反，使突利的亲信康苏密投诚。贞观四年（630），李靖大破定襄，抓获了逃到突厥的隋齐王杨暕的儿子杨政道，还有隋炀帝的皇后萧氏，将他们一齐押送到长安。这一仗颉利可汗孤身潜逃。李世民对这场战役的评价很高，他后来对李靖说："汉代名将李陵带着五千士兵，还免不了最后战败投降匈奴，但是他还可以青史留名。你如今凭着三千骑兵深入突厥，克复定襄，真是自古以来没有的盛绩！足以报我当年渭水之役的耻辱了！"

从定襄逃出的颉利可汗跑到了铁山，想想实在没有办法对付唐军，就派使者入朝谢罪，上疏李世民，请求以整个突厥作为大唐的附属国。李世民立即同意颉利可汗之请。当年二月，他任命李靖为定襄道行军总管，去迎接颉利回定襄；又派了鸿胪卿唐俭和将军安修仁一起去向突厥宣读谕旨。

颉利可汗这会儿虽是低头请罪了，其实心里有自己的小九九。当年大雪，羊马冻死不少，草料不足，兵马都不够用。要是等到来年春天草长出来，养好马匹，一切还可以从头再来。突厥全民皆兵，男人们上马拿起弓箭长枪就可以打仗。

李靖接到诏书后，对张公谨说："颉利虽败，但他还有那么多人。如果让他逃到碛口以北，道路遥远，以后就难追了。现在皇上的诏书到了铁山，颉利必定安心。我们选一万精骑，带上二十天的粮食，可以从白道袭击他。"张公谨说："这样不好吧？皇帝下诏书，是接受他投降的。而且我们的使臣唐俭还在那里，怎么好打？"李靖说："现在是用兵的绝好机会，机不可失。这也是当年韩信能够破齐的原因。唐俭这些人，没什么可惜的。"李靖用兵之稳、准、狠，于此可见一斑！维护大局的利益，怎么可以拘于小节？

李靖调转兵马连夜出发，李勣紧接其后。果然，颉利可汗见到大唐使者，高兴得很，完全没有想到唐军随后就到。等李靖的大部队到了离突厥牙帐仅十五里的地方，突厥士兵才发现情况不对。颉利吓得上马就逃，手下的士兵立即作鸟兽散。李靖也不含糊，这一仗就是要斩草除根：砍了一万多突厥士兵的脑袋，俘虏十多万突厥百姓，缴获杂畜几十万头。唐军还杀了隋义成公主，义成公主是隋炀帝杨广的姐姐，原是隋文帝与突厥和亲，将她嫁给突厥的启民可汗。启民死后，按突厥习俗，她又成了继承者颉利可汗之妻。义成公主的儿子叠罗施也被活捉。唐俭是个聪明人，竟然在混战中逃脱，安然无恙。

颉利可汗带着万余人准备北出碛口，结果李勣早就在碛口张网以待。颉利无法通过，手下的将帅全都向李勣投降。李勣俘虏了五万多人回来。颉利可汗想投奔吐谷浑，被西道行军总管张宝相抓住。不久，突利可汗又主动向李靖投降。这样，整个东突厥全部落于唐军之手。西北至阴山，北至大漠，尽归大唐！

李世民这下高兴坏了，多年的仇恨屈辱顿消。他对身边侍臣说："朕听闻主忧臣辱，主辱臣死。以前国家草创，太上皇因为百姓之故，才称臣于突厥。对此我实在是痛心疾首！为了能灭突厥，我坐不安席，食不甘味。现在我暂动偏师，就无往不捷，总算一雪前耻了。"于是李世民下令大赦天下，又大宴群臣五日。太上皇李渊也很高兴，说："昔日汉高祖困于白登，仇到最后也不能报；而我的儿子能灭突厥，我也算托付得人，有什么可担忧的呢！"李渊召集嫔妃以及诸王和贵臣，在凌烟阁举办酒宴，喝得高兴了，还亲自弹琵琶，并让李世民伴舞，一直欢饮到深夜。

灭了东突厥以后，四周小国都上疏尊大唐天子李世民为"天可汗"，于是李世民就成了天下人的"可汗"！回想一下，李世民一边下着安定颉利可汗的诏书，一边让李靖前去迎接；李靖明知诏书已接受突厥投降，还偏偏抓住机会发起最后一击！君臣彼此心意相通才是最让人击节赞叹之处。否则，灭了东突厥以后，李靖为何没有因违背圣旨而受处罚呢？

狙击高昌

李世民平西域是一段令华夏子孙骄傲的历史。农耕文明看似可以创造比游牧文明更多的财富，繁衍更多的人口，但很少能以武力抵御游牧民族的入侵。这从宋朝的历史看是最明显的，富庶繁华的大宋，先后被北方的辽、金、蒙古蹂躏。北宋两个皇帝都当了俘虏，死在蛮荒之地；南宋的皇帝逃无可逃，只能被大臣背着投海。在李世民执政时，蛮夷之族有主动来臣服的，有不服直接被打趴下的。其中有一个高昌国，国王竟活生生地被唐军吓死了。

高昌位于今新疆吐鲁番盆地中的绿洲，是一个气候炎热、盛产葡萄的地方，不过李世民打高昌并不是为了葡萄。高昌处在河西走廊至西域的必经之路上，虽是一个小国家，仅有三万人，但战略地位很重要，尤其是高昌正好处在西突厥与大唐的交界地带。

贞观四年（630），高昌国王麹文泰带着王后一起去长安拜见李世民。李世民挺高兴，封了麹文泰的王后为公主，还给了不少赏赐。麹文泰回国后，也常常向李世民报告西域的政治变动及社会情况等，与大唐保持着良好的关系。可是不久就出了问题。高昌的北边是西突厥的地盘，老可汗叶护死后，继承人分成两派窝里斗。从贞观二年（628）到贞观六年（632），两派各自在西域和大唐之间拉拢势力，大打出手，最后西突厥欲谷设这派赢了，大唐支持的那派惨遭出局。

掌握了实权的欲谷设跟大唐当然不和，竟然联合高昌一起去攻打焉耆。焉耆在高昌南边，与高昌仅隔一道天山。问题是高昌和焉耆都是大唐的属国，这一打仗就阻断了大唐通往西域的道路。不仅如此，欲谷设还下令不许羁留在西域的汉人归唐。这样不仅切断了大唐西边的通路，而且也严重冒犯了天朝大国的神威。李世民下诏让高昌把俘虏的焉耆军民放回去，并打开道路让汉人通行。结果高昌置之不理，因为高昌得罪不起西突厥。相比大唐，高昌与西突厥近得多，道路也通畅得多，而与长安，隔着戈壁沙海，茫茫无边。李世民派使臣去高昌质询。高昌国王傲慢地说："老鹰在天上飞，野鸡在草里跑，猫在大堂上玩，老鼠在地洞里钻，各得其所，不都活得好好的啊!"这话倒是有一定的道理，大家各过各的，各自在自己的地盘上玩，你管得着我吗？问题是，如果老鹰不想只在天上飞，小猫不想光在大堂上玩，非得抓只野鸡，逮个耗子，野鸡和耗子还能自由自在生活吗？

李世民听了高昌国王的话，心想西突厥的事迟早要解决。于是一横心，命大军向高昌开进。这支军队中，不仅有汉族士兵，还有薛延陀的高车军队，有契苾何力的铁勒兵，还有那史那社尔率领的突厥兵，由吏部尚书侯君集为交河道行军大总管，统率大军直奔西北杀去。

其实高昌国王错估了形势。他那会儿还在家里盘算着：唐朝离我七千里，这中间还有两千里的戈壁荒滩，寸草不生，一滴水也找不着，白天热风如烈火，晚上寒风又像刮骨钢刀，大唐哪里能派大军过来！若唐军强行到我城下，二十日内必定绝粮。到时与唐军交战，我一定能打败他们，没有什么好担心的。然而，侯君集率军行至碛口时，麴文泰已经病死，其子麴智盛继承王位。

等侯君集的大部队到了柳谷，有部将来报告，说老国王过几日要安葬，全国的人都集中在那里，可前去偷袭。侯君集说："不可！天子正是因为高昌国王无礼才让我们讨伐的。我们现在趁人家办丧事发动袭击，不是问罪之师该做的。"于是，唐军继续敲着鼓大摇大摆地向前推进。

到了田城，侯君集让人去传谕，命令新国王麴智盛投降。麴智盛年轻气盛，心想无论如何也得拼一下，要不然面子上实在下不来呀！于是，麴智盛没答应。侯君集也不着急，命令自己带来的能工巧匠就地伐木，造攻城器械。攻打田城，从早晨开始，中午就打下来了，俘虏男女七千多人。然后，唐军直接进兵，包围高昌都城。麴智盛这下坐不住了，差人给侯君集送去一封信，说："得罪大唐天子的是先王，他已经受到惩罚故去。我刚刚即位，并没做错什么事，请侯尚书可怜我，能够明察秋毫。"侯君集回复说："你要真心悔过，就把自己捆到军门前投降吧。"麴智盛不敢出来。侯君集这下没客气，命令士兵拖出新造的攻城机。士兵们把高昌挖的壕沟填满，将飞石机推到城边，对准城内发射。制成的巢车高十丈，人站在上面可以从城外俯瞰城内，指点飞石机调整方向。有人和房屋被飞石砸中，巢车上的士兵就大声报告。麹智盛实在忍受不了，只得苦着脸开门投降。侯君集把部队分成几股分头进攻，总共攻下二十二座城池，将东西八百里，南北五百里的地盘尽收无遗。然后侯君集带着俘虏的高昌国君臣回长安邀功去了。

当初李世民下令讨伐高昌，派了使者让焉耆与唐军联合围攻。焉耆复国有望，大喜之下哪还有话说。等高昌被灭，焉耆王到侯尚书的军门前求谒，恳求说："先前焉耆有三座城被高昌抢去了，恳请大唐天子将城池归还焉耆。"侯君集向李世民请示后，大笔一挥，三城尽还，并将高昌所掳掠的焉耆百姓也全都送还。

高昌之战，虽未灭西突厥，但将大唐的西域属地开拓了数千里，最西到了焉耆。李世民在高昌设置州县，派唐兵驻扎，将通往西域的道路控制牢稳。高昌之战，有以大欺小，以强凌弱之嫌，但高昌国王让李世民找到了进兵的借口，又让侯君集充分展示了唐军的作战实力，实在是精彩。当时有诗云："高昌兵马如霜雪，汉家兵马如日月。日月照霜雪，回首自消灭。"可谓是对双方实力的真实写照！

[唐] 阎立本《历代帝王图》之隋炀帝杨坚

［唐］阎立本《历代帝王图》之隋炀帝杨广

唐高祖李渊

唐太宗李世民

[清] 殿藏本 李靖像

［宋］佚名《十八学士》（局部）

［唐］阎立本 步辇图（局部）

［唐］阎立本《职贡图》（局部）

[唐] 李思训《九成避暑图》

李思訓九成避暑

[金] 赵霖《昭陵六骏》之飒露紫

[金] 赵霖《昭陵六骏》之拳毛騧

武则天

剿灭薛延陀

解决了突厥，并不是说李世民从此就可以刀枪入库马放南山了。因为这会儿唐朝又养大了一个敌人——薛延陀。薛延陀原为铁勒诸部之一，由薛、延陀两部合并而成，最初在漠北土拉河边放牧。隋唐之际，薛延陀与其他铁勒各部受突厥统治。贞观二年（628）西突厥大乱，薛延陀的首领夷男率领其部落七万人重返漠北鄂尔浑河流域，暂附于东突厥。当时东突厥的颉利可汗对铁勒横征暴敛，薛延陀就联合附近的铁勒以及回纥等部一起反抗。

李世民看到薛延陀成为抵御东突厥的重要力量，立即派人前去联合。使臣揣着大唐的结盟诏书沿着小道昼伏夜行，终于见到了夷男。夷男打开诏书，大为欢喜，因为大唐不仅要与薛延陀结盟攻打东突厥，而且还封夷男为“真珠毗伽可汗”。夷男接受了任命，派人向大唐进贡。

李世民的确有眼光，薛延陀很快就发展壮大。贞观三年（629），薛延陀与回纥一起聚集兵马帮助唐军攻打东突厥。贞观四年（630），薛延陀与唐军一起灭了东突厥。这时薛延陀的地盘已经很大了，东起大兴安岭，西抵阿尔泰山，南界河套，北至色楞格河，都在其控制之下。当然，东突厥被灭，同时壮大的还有回纥，回纥这时还附属于薛延陀。李世民于是又故技重演，扶弱灭强：扶持回纥，抑制薛延陀。

抑制薛延陀的手段还有：贞观十二年（638），李世民下诏封真珠可汗的两个儿子为小可汗。李世民太了解这些草原人的特点了，动不动就窝里斗，一定要制造机会让他们自己削弱自己。第二年，李世民又派已经归附唐朝的前突厥皇族阿史那思摩（这时已经赐姓李，叫李思摩）去河套南边当东突厥流民的可汗。李思摩的实际任务是监视夷男，这一点夷男很清楚。忧心忡忡的夷男决定为自己争夺一条生路。贞观十五年（641），夷男听说李世民要去泰山封禅，以为机会来了，立即命长子大度设率回纥等部追击近在一侧的李思摩，一直追到朔州长城边。结果，大度设迎面撞上了唐军李勣的骑兵，大败而归。

贞观十六年（642），夷男派使者到长安，献骏马三千匹谢罪，又向李世民请求嫁一个公主给他。李世民对大臣们说："薛延陀曾帮助我们攻打东突厥，现在它的势力强大起来，迟早会生祸患。我想来想去，只有两个办法：一个是挑选十万精兵，去把他们杀掉或俘虏来，这样做比较彻底，可以使百年之内不生祸患；另一个是与他们结亲，我是天下百姓的父母，如果对百姓有利，怎么会舍不得自己的一个女儿。和亲的话，可使边境三十年无事。这两个策略，哪一个更好？"司空房玄龄说："我们刚遭受隋朝的大乱，百姓损失惨重，人口到现在都没有恢复到前朝的一半。兵凶战危，圣人所慎；能用和亲之策，则天下幸甚。”李世民点头称是，同意了和亲。不过，李世民同时开出一份很大的礼单，索要了一大堆彩礼。

接到礼单的夷男很高兴，以为能和大唐皇帝结亲，以后在草原上就没有对手了，谁还敢不听自己的话呢？李世民这次许嫁的新兴公主，不是宗室之女，而是自己的女儿。夷男立即动手准备彩礼，在草原上向各部落横征暴敛，不顾那些小部落怨声载道，总算凑齐了聘礼用的牲畜。然后，夷男亲自带着队伍，浩浩荡荡地赶着牲畜前往灵州。谁知，路上遇到了暴风雪，牲畜冻死一半。夷男带着剩下的牛羊到了灵州，接到了李世民新的诏书：“聘礼不齐，公主不嫁了。”

这下，夷男真是没面子透了。三年后，他郁郁而终。老可汗死后，两个小可汗没有“辜负”当年李世民分立的苦心，立刻大打出手。其中，夷男的嫡子杀了另一个兄弟，自立为多弥可汗。他趁李世民东征高丽之际，以为唐朝空虚，带着兵马攻打朔方郡。

李世民早就盯着这个薛延陀呢！多弥可汗还在前往朔方的路上，李世民就于贞观十九年（645）十二月二十五日下诏令江夏王李道宗征发朔、并等九州兵马镇守朔州；薛万彻、阿史那社尔征发胜、夏等十州兵马镇守胜州；宋君明、薛孤吴征发灵、原等五州兵马镇守灵州；又命执失思力征发灵、胜二州的突厥兵，与李道宗等人相互呼应。整个北方边境被大唐的雄兵挡得严严实实。多弥可汗一入塞，就发现情况不对，唐军早有重兵防备，便不敢停留，引兵北还。夏州都督乔师望、右领军大将军执失思力主动进攻薛延陀，多弥可汗乘轻骑北逃。

贞观十九年（645）冬，李世民从辽东回来。高丽一仗打得很艰辛，比起这些年来处处开花的捷报，这次御驾亲征的效果要差很多。不过，可以从薛延陀这边弥补回来。因为多弥可汗继位后，由于生性暴躁，对臣下猜忌寡恩，诛杀了不少老臣，只偏信自己的人，导致内部发生骚乱。其附属的回纥、仆骨、同罗、思结等部族联合起兵进攻薛延陀，多弥可汗大败。

李世民一看，此时不灭薛延陀，更待何时！贞观二十年（646），李世民命李道宗、阿史那社尔为瀚海道安抚大使，右领军大将军执失思力率突厥兵，右骁卫大将军契苾何力统领凉州及胡族兵，代州都督薛万彻、营州都督张俭各率本部兵马，组成一支多民族大军，分兵数路，进攻薛延陀。多弥可汗望风而逃，最终被回纥的追兵杀死。

可怜这个多弥可汗，总共没当几天头领，天天在战马上东奔西逃，想称霸草原的话还没说出几天，就身首异处了。不过，薛延陀部并没有覆灭。多弥可汗虽死，部落的七万余众向西溃逃，后来拥立夷男侄子咄摩支为伊特勿失可汗。咄摩支也不是省油的灯，他很像东突厥的颉利可汗，表面上派遣使者向唐朝请求愿居郁督军山北，想做大唐的附属国，实际上他盘算着休养生息，保存实力，以图复国。李世民也不跟他玩虚的，直接派了李勣前去征讨。

李勣与薛延陀之间的仗没少打。贞观十五年（641）李勣打大度设，以骑兵改步兵，硬是拿长矛闯入敌阵冲杀弓箭手，才化险为夷。李勣对敌斗争的经验非常丰富。所以，让李勣来打苟延残喘的薛延陀犹如练兵。李勣追上咄摩支可汗后，斩杀五千余人，俘虏三万人，将咄摩支捉回长安。那边李道宗又将薛延陀达官阿波率领的几万人打败，斩杀千余人，又追击两百多里，才拨马回营。

自此，薛延陀彻底被唐军打服了。薛延陀属下的那些部落酋长纷纷请求归顺唐朝。李世民在当地设了六府七州，又设置燕然都护府统一管理。

消除隐患

灭了薛延陀以后，李世民想明白了一个道理，把老虎养大了再杀是一件很麻烦的事。虽然现在已经没有“老虎”能在他的手掌下逃脱，但是打仗毕竟耗费巨大，上策应是制敌于萌芽。

灭薛延陀时有一个部落帮了大忙，就是回纥。回纥也是铁勒人，所谓的漠北九姓，回纥就是其中之一。回纥部落联盟中，以药罗葛为首，主要在今色楞格河、鄂尔浑河一带放牧。隋初，回纥就联合仆骨等部反抗突厥的统治，并逐渐强大起来。东突厥灭亡后，回纥属同为铁勒人的薛延陀统治。贞观二十年（646），唐军攻打薛延陀，回纥冲锋在前，力擒多弥可汗，立下大功。再加上回纥人多势众，实力强大，有张扬的资本。很快，回纥在铁勒诸部中以老大自居，开始在草原上耀武扬威。

李世民发现这个苗头后，立即决定对回纥下手。不过，回纥也相当“配合”，强大起来不久就开始内讧。回纥内部争斗得很激烈，经常大打出手。很快机会来了。不过这次李世民没有派兵，而是派了使臣并带了一队卫兵。到了回纥，使臣坐镇听取双方的陈述，而后把那个看似挑衅凶悍的首领杀了。然后再找个借口，让另一个首领去长安向李世民陈述原委，听候分封。这位首领到长安后，李世民借口说回纥那边太吵闹，让他在长安多住些日子，如此就把回纥首领软禁在长安。

这下，回纥群龙无首，闹腾不起来了，也不在草原打打杀杀，安静了很长一段时间。李世民兵不血刃就把问题解决了。

当然，有时候还是要亮一下剑的。金山有一个车鼻可汗，是突厥的同族人，也姓阿史那，名斛勃。迫于薛延陀的威压，阿史那斛勃带着族人跑到遥远的金山放牧。贞观二十年（646），听说薛延陀被大唐打垮了，阿史那斛勃立即自封为乙注车鼻可汗。斛勃是个有远大理想的人，很想一统铁勒诸部，恢复突厥神威，不再向大唐进贡。阿史那斛勃自立为可汗后，上表称要去长安拜见李世民，以表达敬仰之情。李世民看到奉表很高兴，派了特使前去迎接。不过，阿史那斛勃的想法又发生了变化。因为他听说回纥的首领被邀请到长安，就再没能回去。斛勃不大放心，要是李世民把他也扣下来，自己就再也见不着故乡了。于是，面对大唐特使，他竟一口回绝进长安的许诺。李世民大为光火，贞观二十三年（649），派了右骁卫郎将高侃，让他带着回纥兵、仆骨兵，还有部分汉兵，联合征讨，发兵金山，最后活捉了车鼻可汗。

押送车鼻可汗的唐军于永徽元年（650）九月才回到长安，这时李世民已经在昭陵地下“住”一年多了。高宗李治只好叫人把车鼻可汗送到昭陵，告慰长眠于地下的李世民。

怀柔远人

南北朝时，有一个叫冯宝的人为躲避中原战乱跑到了岭南。当时岭南还是蛮荒之地，当地百姓刀耕火种，聚寨而居。冯宝娶了一个后来很有名的土著女子——冼夫人。有文化的冯宝在岭南势力发展很快，成为当地很有号召力的首领。他死后，冼夫人成为当地的领袖。冼夫人的孙子冯盎是一个有文韬武略的人，且忠于隋朝。仁寿初年，潮州、成州等五个州的山民造反，冯盎跑到京城向隋文帝报告，并请求自己带兵征讨。文帝杨坚让左仆射杨素与冯盎探讨军事，杨素回来向文帝报告说："想不到蛮夷中竟然有这样的人物，太不寻常了。"隋文帝于是派冯盎率领江南、岭南的军队前去征讨。冯盎平定山贼之后，被封为金紫光禄大夫、汉阳太守。

冯盎在岭南的威望很高。唐高祖武德三年（620），南方还没被李唐征服，仍处于隋的统治之下。当时岭南的反军高法澄、冼宝彻起兵杀害隋朝的官吏，到处打打杀杀，冯盎带官兵把他们打败了。不久冼宝彻的侄子冼智臣又聚集了一千人马来到新州，冼智臣自封为帅，向冯盎挑战。两军正要交战的时候，冯盎来到阵前，突然脱去盔甲大喝："你们认识我吗？"那些被拉来充军的山民一见是冯盎，立即丢下武器，脱下上衣，磕头跪拜，冼智臣的部队不战而败。冯盎活捉了冼宝彻、冼智臣等人，岭南因此平定下来。有人劝冯盎说："自从隋末大乱，海内分崩离析，唐朝虽应运而生，但这里却不是他们平定的。你平定了五岭二十余州，怎么是赵佗比得上的，你应当被封南越王才对。"冯盎不同意，说："我家住在南越已历经五代，本州牧伯，也只有我一门，锦衣玉食我都有。人生富贵对我来说，常常害怕太多而难以承受，败坏了祖先的功绩。我没什么不满足的，越王之号，还是不要提了。"

武德四年（621），冯盎带着南越之众向唐高祖投降。李渊将岭南八州仍划归冯盎管辖，任他为上柱国、高罗总管，封吴国公，不久改封为越国公。贞观初，岭南诸州向李世民报告冯盎要造反，李世民没有理会。过了几年又有人报告说冯盎要造反，李世民决定重视一下此事，下诏派右武卫将军蔺謇发兵前去镇压。魏徵劝谏说："现在国家刚刚平定，满目疮痍，民生凋敝。岭南那个地方充满瘴疠，地形复杂，这么远前去征讨，难以为继。如果士兵生起瘟疫，不能达到征讨目的，后悔就来不及了。而且，冯盎如果真的想造反，应当在中原还没有安定之时。那时候他联系外面的势力，分兵断险，攻州夺县，置官设署多方便。告发冯盎造反之事已经有几年了，为什么这几年里，冯盎的兵马还没有打出来呢？这也许是他的实力还没达到可以造反的程度，根本不需要我朝劳师动众。陛下还没有派人探清究竟，就偏听一面之词，恐怕不见得是正确的。不如派使臣前往安抚，冯盎若害怕，必定会前来。"

李世民一想也对，于是就派了使臣去冯盎那里宣读嘉奖他为国家守边安民的旨意。果然，冯盎不仅没有反叛之心，还对李世民的信任感激涕零，当下表示，一定要为国家竭尽忠诚。使臣回来向李世民禀告，李世民也很高兴，于是令冯盎进京述职。贞观五年（631），冯盎从岭南跋山涉水来到长安，拜见了大唐皇帝李世民。交谈之下，李世民了解了冯盎的才能和对前主隋朝皇帝的忠心，更加对冯盎赞赏不已，设了豪华盛宴款待冯盎，又赏给他大批金银珠宝、绫罗绸缎。

李世民的苦心没有白费。没过多久，岭南又有山贼起来造反。李世民下令让冯盎率领部落两万人为诸军先锋前去讨伐。当时山贼有几万人，屯据在险要之处无法攻打。冯盎持弩对左右的人说："凭我这弩箭，就可定胜负了。"冯盎连发七箭，连中远处山头上的七个山贼！山贼大惊，一下乱了方寸。这些人本来就没有经过训练，逃跑时自相踩踏，被追上来的官兵斩杀一千多人。冯盎大获全胜，李世民欣喜万分。此后李世民常常给予冯盎厚赏。贞观二十年（646）冯盎去世，李世民加赠他左骑卫大将军、荆州都督。

不用武而平边，在李世民执政时期，岭南并非唯一的例子。武德九年（626）十二月，李世民登上帝位不到半年，益州大都督窦轨上奏称当地土著造反，请求发兵征讨。李世民直接就拒绝了，说："当地人靠山吃山，时常出来偷点东西也是惯例。如果你能够抚以恩信，他们自然服命。你怎么可以轻易大动干戈，把当地百姓当作渔猎对象，就像是对待禽兽一样？这怎么是为民父母之道呢？"

还有一个林邑国，远在南海之滨。贞观四年（630），有司上奏说："林邑野蛮无知，上表不恭敬，请发兵讨击。"李世民很不高兴，说："兵者，凶器也，不得已而用之。以前汉光武帝曾说'每次一发兵，不觉头发胡子都白掉了'。自古以来穷兵黩武之人，没有不灭亡的。苻坚自恃兵强，欲吞掉晋室，兴兵百万，一举而亡。隋主也想攻取高丽，频年劳役，人不胜怨，最终死于匹夫之手。战争我见得多了，怎么可以轻易发兵？且经历山险，途中多瘴疠，若我方士兵感染疾疫，就算是把这些野蛮小族给铲灭了，又有什么用呢？言语不恭顺，有什么值得介意的！”

李世民拓边之功极大，但也并不只是为了追求虚荣。有的小国来附，他甚至不肯接受。贞观五年（631），康国请求归附。康国远在龟兹之西，李世民不许接纳。他说：“帝王喜欢拥有广大的土地，这只是为了身后的虚名，对自己没有好处。康国那么遥远，如果有难，不得不救，兵行万里，就不得不劳民动众。劳民而求名，有什么意义呢？”

平定西域

李世民在高昌设置州县后，西域仍没有完全在大唐控制之下。因为西突厥一直在高昌西边游弋，妄图夺回高昌。贞观十八年（644），焉耆开始倾向西突厥，并同时减少对大唐的朝贡。虽然当初大唐打下高昌，曾帮助焉耆收复失地，但是情况复杂，西突厥大将军阿史那屈利的弟弟娶了焉耆国王的女儿，两国地域邻近，文化相通，所以还是有很深的关系。焉耆减少了朝贡，驻守在高昌的大将郭孝恪对此十分不满，向李世民请求发兵。

李世民同意了他的请求，任命其为安西道行军总管。郭孝恪是一员猛将，他率步骑三千人出银山道攻焉耆。他带领士兵半夜踏过焉耆城外的水域，发动突袭。当天上午，唐军就爬上焉耆城墙，攻克全城，一举俘虏了焉耆国王龙突骑支。

西突厥听说此事，立即发兵救援焉耆。三天后，阿史那屈利的救兵赶到焉耆时，郭孝恪已经在回西州的路上了。屈利抓住了给郭孝恪带路的向导，知道了郭孝恪去向，率兵追赶。等阿史那屈利带的大队人马追上郭孝恪的军队时，郭孝恪一点没客气，后军变先锋，拨转马头，把屈利打得落花流水，抱头逃窜。

李世民后来发动大军攻打西域，是因为龟兹国。龟兹国王白苏伐叠去世后，他的弟弟白诃黎布失毕继位。白诃黎布失毕是个愣头青，贸然停止了对唐朝进贡，并且以为自己实力雄厚，竟敢攻打附属唐朝的邻国。李世民大怒，贞观二十一年（647）初，他派了阿史那社尔、契苾何力、郭孝恪率军攻打龟兹，同时征用了铁勒、东突厥、吐蕃和吐谷浑的士兵共十多万骑。在《伐龟兹诏》里说龟兹国是“播此凶荒，历年兹久，积其愆祸，祟凶贯盈”。龟兹黎民是“裂裳裹足，骤请天诛”，自己则“乃眷西顾，深悼于怀，舍此弗图，孰祗灵命”。总之，李世民找了充足的理由去征伐龟兹，当然最根本的原因，还是维护大唐在西域的利益。

贞观二十二年（648）九月，阿史那社尔向西轻松攻取了西突厥处月、处密两个部族。这两部离西州不远，本不是此次讨伐龟兹国的目标，但是打下它们可以消除进军龟兹的后方威胁。然后阿史那社尔带着唐军向南方的焉耆国进发，焉耆王薛婆阿那支吓得魂飞魄散，扔下都城直奔龟兹而去。阿史那社尔到了焉耆，兵分五路向龟兹北境奔去。薛婆阿那支在龟兹集结人马等着阿史那社尔。结果以逸待劳的焉耆王被唐军砍了脑袋，手下士兵四散而去。阿史那社尔另立老国王的堂弟为焉耆王。

听说焉耆王死了，龟兹的守将跑了一大半。阿史那社尔赶忙带兵接收城池。在离龟兹都城伊逻卢（今库车北）三百里的积石，阿史那社尔命大将韩威率一千名骑兵为前锋，右骁卫将军曹继叔紧随其后，向伊逻卢进攻。前锋部队出发不久到了多褐城。龟兹王白诃黎布失毕、丞相那利、大将羯猎颠带了五万兵马来围击。只有少量骑兵的韩威马上引兵装作撤退。龟兹以全部兵力追击，随后韩威与殿后的曹继叔两军会合。龟兹军大惊失色，以为唐军主力已经赶上来。韩曹二人趁龟兹军队恐惧犹豫、正想退兵之时，大举反击。龟兹军队乱了阵脚，全军撤退，唐军乘胜追击，斩杀甚多。之后，龟兹王白诃黎布失毕率余部退回都城，打算坚守。

十二月，阿史那社尔的主力到了伊逻卢城下。自忖不敌的白诃黎布失毕半夜骑马向西逃走。阿史那社尔立即攻下都城，随后命郭孝恪、曹继叔、韩威各部留守，自己率领苏海政、薛万备等追击白诃黎布失毕，一直追了六百里！白诃黎布失毕慌忙躲进拨换城。阿史那社尔这下不着急了，围城之后慢慢攻城。四十天后，拨换城被攻下，白诃黎布失毕和手下贵族大臣被俘，只有那利在混战中逃跑。那利倒也是员骁将，逃出拨换城后，带着龟兹残部和西突厥救援军队竟然反攻都城伊逻卢。这一战唐军虽然胜了，却有不小的损失，郭孝恪在战斗中意外被流矢射中身亡。那利攻不下伊逻卢内城，只好撤离，后来他被龟兹人抓住交给了阿史那社尔。

征伐龟兹，唐军大获全胜，攻破大城五座，俘虏百姓数万人。阿史那社尔另立龟兹王弟叶护为王。唐军打败龟兹，在西域创造了不可战胜的神话，那些部落小国争相归附。包括西突厥、于阗、安国等都前往阿史那社尔军中争送驮马和军粮。

李世民随即在西域建立龟兹、于阗、疏勒、焉耆四镇，史称安西四镇，将安西都护府迁到龟兹。至此，大唐势力深入到西域的纵深地区，控制了西达葱岭（帕米尔高原）的广大地区。这一仗之后，主动请求加入大唐属国的国家和部落就更多了。

当时，四夷的大小国君争相派使者入唐朝贡，通往长安的道路上使者络绎不绝。每年元旦李世民接见各国使者朝贺的时候，有成百上千的人聚集朝堂。李世民自己也很得意，对侍臣说："汉武帝穷兵黩武三十多年，把中国弄得衰敝不堪，所获不多。哪比得上今天，我能让有草有人的地方都成为大唐的领地啊！"

第六章　知人善任　名臣辈出

求贤若渴

中国古代读书人一直有“达则兼济天下，穷则独善其身”的情结。他们往往在穷与达之间徘徊，然而“穷”是迫不得已，“达”才是人生理想。这里的穷不单是指贫困，更是指才华不得施展，抱负不得实现。古代的帝王以求贤标举，动辄称“野无遗贤”，就是说民间没有一个贤人不来为国效力。真正“野无遗贤”的时代是很少的，或许根本没有。读书人能够遇到一位求贤若渴的帝王是不容易的。而李世民就是这样一位贤明的君王。

李世民曾对封德彝说：“想要国家安定，就要得到贤人来治理。我一直让你举荐贤人，你都没有推荐过。你应当为我分担忧劳，你总是不举荐，我该怎么办？”封德彝说：“我哪里敢不尽心竭力去查访呢，但到现在都没有发现奇才异能之人啊！”李世民说：“前代圣明的君主用人如器，都是从当时取士，不从其他朝代借才吧？难道非得梦到傅说、遇到姜太公才能去治理天下吗？何况哪一朝没有贤人呢？只怕是遗落民间而不知吧。”封德彝对李世民求贤之急迫肯定没有深切体会，听罢只好羞愧而退。

在李世民一生中，有一大批贤臣与他一起成名，光照青史。贤能之士、勇猛之将，不仅是在战争和治国实践中锤炼出来的，也有不少是经李世民慧眼发现的。

马周年少时孤贫，但好学不倦，曾给中郎将常何当幕僚。贞观五年（631），李世民命令百官上疏言得失，马周为常何陈述了二十几件事。结果，常何所奏件件都合李世民的心意。李世民觉得奇怪，就问常何怎么回事。常何回答说：“这是我的幕僚马周写的。”李世民马上召马周前来，过了一会儿还没到，李世民急得坐卧不安，数次派人催请。等马周来了，两人谈得非常尽意，李世民立即下令让马周到门下省当值。第二年，又任命马周为监察御史。李世民对马周非常青睐和倚重，他说：“我对马周，是一时见不着就想得很。”马周非常有识见，处事公允慎重，对李世民忠心耿耿，是李世民实现贞观之治的重要谋臣。

还有刘文静，是李世民从监狱中找来的。当时晋阳县令刘文静因与李密有亲受牵连入狱。李世民觉得他是一个可谋大事的人，遂去监狱中拜访，与他共商大计。李世民用人不拘一格，凡有可用之才，皆不论出身；对有才能之人，更是恩宠备至。

李勣是唐初的大将，他破突厥、平薛延陀、征高丽，战功卓著，镇守边疆十六年，将突厥挡在边境之外。李世民说他“远胜数千里长城”。李勣本姓徐，最初由唐高祖李渊起用，被李渊赐姓为李。李勣跟随过翟让、李密、窦建德等起义军。起初，李勣并不是因为谋略武功才被唐高祖重用，而是因为他的忠义之举。李密因为败给王世充而降唐，他降唐时，部下李勣尚守着众多郡县。按理说，李勣应当带着这些郡县一起降唐。但是，李勣怕这样会给自己加功，而非加功于李密，就录了这些州县的簿册、军人及户口，全都送到李密那儿，任凭李密邀功。李渊初闻李勣没有给自己递降表，而是只发信给李密，对此感到不解，后来听说缘由，感佩不已，立即任命李勣为黎州总管，封曹国公，并赐姓李。李勣的忠义之举还有许多：李密反唐被诛，李勣以君臣之礼收尸厚葬李密；好友单雄信被处死，他想要以官爵换其性命，李渊不同意，他到狱中割股发誓抚养单雄信的儿子。

事实上，李勣的才能与忠义相比，也丝毫不逊色。他在李世民麾下，平王世充、窦建德。贞观后，任并州都督，令突厥畏惧远逃，边塞安宁。李世民对他崇敬备至。贞观十五年（641），李世民把他召回长安，任命其为兵部尚书。当时李勣生了重病，大夫开药方，说胡须的灰可以治疗。李世民亲自剪掉自己的胡须为他制药。李勣感动不已，哭着磕头拜谢，额头都磕出血来。李世民说："我是为国家才这样做，你不用谢我啊！"贞观十七年（643），李世民设宴款待群臣，他对李勣说："我想把自己年幼的儿子嘱托给可靠之臣，想来想去，没有谁能比得上你。你以前不遗弃李密，现在怎么可能辜负我呢？"李勣大哭陈辞，表示必定不辱使命，他把手指咬出血来发誓。不一会儿，心情激动的李勣喝醉了，倒伏在桌边。李世民解下自己的衣服盖在他身上。若没有求贤若渴之心，怎能做到对臣下如此体贴？

李世民对谋臣将士的爱护之心相当感人。因为他对李勣等将领非常了解，所以将他们视为国家栋梁，全力爱护。李世民曾经这样赞叹李靖、李勣二人，说："李靖、李勣两个人，古代的韩信、白起、卫青、霍去病怎么能比得上啊！"

坦诚相待

自古常说伴君如伴虎。君臣之间能够做到坦诚无欺、直言不讳实属不易。历史上因言获罪的人太多了。能够成为一代明君，李世民自有不凡之处。他手下的忠谏之臣那么多，不给他面子的不在少数，他们却都保全了性命。君臣之间，能够坦诚相待、知无不言，若不是为君者虚怀若谷，还真是不易做到。

有一年，吴王李恪外出围猎，破坏了农田，被御史柳范弹劾。李恪因此被免官，削户三百。李世民很不高兴，说："长史权万纪侍奉李恪，不能匡正吴王，应当把他处死。"柳范说："房玄龄侍奉陛下，尚且不能阻止您打猎，怎么单单开罪权万纪！"李世民大怒，拂袖而去。过了很久，他又跑回来，单独拉着柳范说："你为何当面贬损我？"柳范回答："因为陛下仁厚清明，我才敢直说。"李世民这才释然。

太常少卿祖孝孙博学多能，精通律算，尤其在乐律方面贡献极大，解决了十二律旋宫问题。祖孝孙在隋代做过朝廷的协律郎，入唐后又做过著作郎、吏部郎。李世民让祖孝孙教宫人音乐。宫人们的水平太低，祖孝孙费尽力气，也教不出名堂。李世民回到后宫，每每令宫人们演奏，觉得他们的水平与国家大典上太常寺的演奏差得太远。于是，他把祖孝孙召来，当着众臣的面训斥了一顿，责怪他教习不当。祖孝孙吓得战战兢兢，无言以对，正欲谢罪时，温彦博、王珪进谏说："祖孝孙是雅士，陛下让他去教后宫的奴婢，已经是委屈他了。现在又责怪他教习不当，实在有损他的清誉，对他不公。"李世民大怒，说："我把你们几个当腹心，你们应当对我忠心耿耿，为什么去附和一个下等臣子，替祖孝孙说话？"温彦博是个胆小的人，一听皇帝这话，赶紧下跪领罪。王珪不跪，直着脖子继续说道："陛下让我忠直，现在我所说的难道是为自己吗？这是陛下负我，不是我负陛下。"李世民闻后默然，心里也知道自己错了，第二天便对房玄龄说是自己错怪了温彦博和王珪。能让臣子对自己坦诚，没有君王自身的诚意恐怕是不行的。

不仅朝中的大臣，地方的官员中也有不少对李世民坦诚无欺的。李世民派使者去凉州，使者见到都督李大亮有一只非常漂亮的鹰，便对李大亮说："皇上最喜欢打猎，若献此鹰一定能让陛下高兴。"李大亮不同意，他暗中上了一道奏表说："陛下已经很久不打猎了，然而使者向我索要猎鹰。如果是陛下之意，那么您就违反了自己说过的话；如果是使者自作主张，那么您就是用错了人。”李世民深为感动，对大臣说：“李大亮可以说是忠直啊！”于是下诏给李大亮嘉奖。

李世民对大臣的爱护也有不少可圈可点的地方。当时的言官受到李世民的鼓励，从诸王到地方官，大事小事，动辄弹劾。实际上，这样的弹劾也会对朝廷内外的人际关系造成影响，对臣子们竭尽忠诚的胆量是一个考验。谁能保证自己事事正确，不成为别人弹劾的对象呢？自己在尽忠直言时，会不会因考虑不周说错话呢？

李世民考虑得很周到，他对言官动辄挑剔大臣细枝末节的行为十分反感。因为这样会使君主怀疑大臣，又使大臣拘于小节，处处谨慎，不敢直言国事，宁可平庸也不愿做事。李世民曾下令：“有上疏攻击别人细小错误的，要判以谗人罪。”李世民与大臣之间的互相信任是贞观年间言路大开，许多大臣敢于直谏的重要原因。魏徵为秘书监的时候，有人告魏徵谋反，李世民说：“魏徵是我过去的仇人，因为忠于国家，我才提拔他。此人怎么能谗言构陷他呢？”他连问都没问魏徵，就直接把进谗言的人杀了。

同样是有人告谋反，有一次李世民问尉迟敬德：“有人说你要谋反，是怎么回事啊？”尉迟敬德一听，悲愤不已，大声说：“我想谋反吗？我跟从陛下征伐四方，身经百战，现在这条命不过是从刀口剑锋下捡回来的。天下安定了，您就怀疑我要谋反了吗？”他把衣服一脱，露出全身的伤疤。李世民一见，流下泪来，想起二人一起同生共死、浴血沙场的日子。尤其是尉迟敬德多次舍命救驾，将自己从敌人的刀枪之下救出！李世民赶紧离位，从地上捡起尉迟敬德的衣服为他穿上，说：“赶紧穿上，我不是怀疑你，所以才敢把这话告诉你！”谋反之事是皇帝最不能宽容的。李世民一时的昏蔽，着实伤了尉迟敬德的心。

君臣之间坦诚相待，看似失了君威，实际上这才是真正巩固了君权。因为只有上下之间相互坦诚无欺，君臣才能齐心合力。

用人不疑

贞观之际，名臣辈出。很大程度上，名臣是皇帝造就的。因为只有皇帝才能给臣子施展才能的机会，才能让臣子全心全意地施展抱负。臣子不用担心得罪皇帝，不用担心因受猜疑而人头落地，这在专制社会中，并不是容易实现的事。

杜如晦曾对李世民说：“监察御史陈师合上了一篇《拔士论》，说一个人的思想谋略是有限的，不能让一人身兼数职。他认为我们兼职太多。”李世民很不高兴，对戴胄说：“我是以至公之心来治理天下，重用房玄龄、杜如晦，不是因为他们过去功劳大，而是他们的才能品行都很好。陈师合妄加诽谤，简直是离间我们君臣。过去蜀后主阿斗那么愚笨，北齐的文宣帝高洋那么荒淫暴虐，但是他们的国家还能治理有方，就是因为一个能信任诸葛亮，一个能重用杨遵彦。我现在重用杜如晦，也是这个道理。”于是，李世民就把陈师合流放到岭南去了。

与此形成鲜明对比的是隋炀帝与自己的儿子齐王杨暕。萧璟是隋炀帝皇后萧氏的哥哥，入唐后为秘书监。有一次，李世民问萧璟：“你在隋朝的时候，见过几次皇后？”萧璟回答：“她的儿女都见不到她，我算什么人，怎能见得到？”李世民对此十分诧异。魏徵说：“我听说隋炀帝不相信他的儿子齐王杨暕，经常派人去察看他在做什么。听说他在喝酒就怀疑他做了什么勾当。他觉得事情做成功了应高兴，听说齐王不高兴，又怀疑他别有用心。炀帝对儿子尚且如此猜疑，何况对别人呢？”李世民笑道：“那我对隋炀帝的孙子杨政道倒比隋炀帝对齐王好得多啊！”杨政道与萧后原是在突厥手中，李世民打败突厥后，将他们迎回，把萧后奉养起来，又封杨政道为员外散骑侍郎。这样的心胸和信任当然是隋炀帝比不了的。

与隋文帝杨坚相比，李世民用人更显英明。因为隋文帝对臣下从不放心，而李世民则建立了制度放权，并充分信任部下。

有一天，李世民与房玄龄和萧瑀同坐。萧瑀是萧后的弟弟，为人有才学且耿直，入唐后又被高祖李渊器重。李世民登基后任命萧瑀为尚书左仆射。李世民问萧瑀：“隋文帝这个人当皇帝当得怎么样？”萧瑀回答说：“隋文帝十分勤政，每天都去上朝，有的时候要坐到太阳偏西。

五品以上的官员，他都拉着讨论国事。错过了用餐时间，就由卫士传餐到殿上吃饭。虽然隋文帝不是一个性情仁厚的人，但他确实是一个励精图治的君主。”李世民摇头说：“你是只知其一，不知其二啊。文帝这个人最没有眼光却又喜欢去查探。没有眼光，所以他总看不透，喜欢去查探，所以多疑。什么都不相信别人，全都由自己决定。天下这么大，事务繁多，虽然他天天劳累不堪，但是又怎么可能将每件事都处置合理呢？群臣都知道他的习惯，于是全都听他安排再去做，即使有不同意见，也不敢对皇帝说明。这就是隋朝二世而亡的原因。我就不一样了，我选取天下贤才，授予他们官职，让他们为我去思考天下的事。让宰相先去审知大事，然后再奏报给我。有功则赏，有罪则罚，谁敢不竭心尽力奉职守法呢？”

但是，即使是对魏徵这样的重臣，李世民虽然信任，却也有处理不当之处。曾有人告发魏徵，说他与亲戚结党营私。李世民让御史大夫温彦博去调查，结果是举报者言语不实。温彦博当时上奏说：“这事虽然魏徵并没有过错，但是他既然被人攻击，说明他也有做事不考虑形迹的地方，因而使人生疑。”于是李世民让温彦博去转告魏徵，让他以后注意一下形迹。

过了几天，李世民见到魏徵，问他：“你昨天从外面回朝，听说什么不对的事情没有？”魏徵说：“前些天我听温彦博宣读陛下敕言，对我说‘为何不注意形迹’，这话就是不对了！”李世民惊诧地问道：“哪里不对？”魏徵说："我听说君臣本应是同气连枝、上下一体，没有听说过不按事理、只看表面形式的。如果君臣上下都按这个方式做事，国家的兴亡就难说了！"李世民听后变了脸色，说："我前些天说过这话，不久就后悔了。确实是我的不对，你不要因此心怀隐蔽之志。"

魏徵说："我以身许国，就要直道而行，肯定不会欺瞒陛下，有负国家。但是我希望陛下能让我成为良臣，而不是成为忠臣。"李世民说："忠臣与良臣有区别吗？"魏徵回答："当然不同。良臣是使自身获得美名，君王得到好的谥号，并且使子孙传世，福禄无疆。忠臣是自身为国受诛，使君王陷于大恶之名，家国一起沦丧，只使自己享有美名。二者相去甚远啊。"李世民恍然大悟，说："爱卿不要忘记刚才讲的话，使自己成为良臣，我也不会忘记自己的职责，尽心保护江山社稷。"自此，李世民对魏徵更加坚信不疑。

李世民充分给予臣下信任，即使对一些可疑之事，也不"轻举妄动"。贞观十七年（643），太子詹事张亮被任命为洛州都督。侯君集当时为吏部尚书，他觉得自己此前平定高昌功劳甚大，却因贪污被囚，心里很不痛快。他见张亮被迁为地方官，就故意激他："是谁排挤你的？"张亮挺机灵，回答说："不是你是谁？你是吏部尚书啊！"侯君集说："我平定了高昌国，皇上却不高兴，因小事制裁我，我哪里能排挤你呢？"说完，捋起衣襟，生气地说："简直是让人痛恨得不想活了！你想不想造反？你要是想造反，我与你一起反！”张亮一听，吓得一句话不敢说，回去后立即将此事密奏李世民。

李世民听后，沉吟一会儿，说：“你与侯君集都是国家功臣，他与你讲此话时，旁边又没有其他人。若是治他罪，他肯定不会承认。此事你也不必再对人讲了。”然后李世民对侯君集一如既往，毫无芥蒂。

后来，侯君集参与了太子李承乾谋反之事，被抓入大牢。侯君集的女婿贺兰楚石到李世民那儿告发。李世民亲自来到监牢，对侯君集说：“我不想让那些执法官吏来羞辱你，所以亲自前来审问。”侯君集还是拒不认罪，李世民把贺兰楚石拉过来，让他一一陈述侯君集谋反始末，又出具了侯君集与李承乾往来的密信，侯君集这才不得不承认。

“不疑”到这份儿上，李世民对侯君集的忠厚仁爱真是可敬！只可惜侯君集心胸狭窄又狂妄自大，令皇帝的信任付诸流水，更令自己成为刀下之鬼。凌烟阁“二十四功臣”中，绝大部分都得以善终，被诛杀的唯有侯君集与张亮，且张亮是被错杀！不知侯君集临死前是否感到羞愧？

取缔分封制

分封制就是天子将疆土分封给诸侯，诸侯管理自己的封地，并向天子纳贡。诸侯可以建立自己的军队，接受天子的调遣，并将爵位一代代传给自己的子孙。这种治国方式始于西周初，直到秦灭六国，实行中央集权的郡县制，分封制才退出历史舞台的主流。虽然秦以后也有局部的分封，但并不是国家政权结构的主体了。

李世民继位后，时常琢磨历史上的政治制度。他发现周天子分封自己的子弟，政权存在了八百多年；秦朝废分封，实行郡县制，二代就灭亡了。汉初继承郡县制，同时分封了一些诸侯王。后来吕后专权，危及刘氏的统治，是诸侯王挽救了中央政权。因此，他认为分封诸侯才是长治久安之道。于是，贞观十一年（637），李世民决定大封自己的儿子、兄弟为诸侯王。他封了弟弟李元景、儿子李恪等二十一人为王，还有功臣长孙无忌、房玄龄等十四人为世袭刺史。

然而李世民没有注意到，周代虽然存在了八百余年，但天子威严尚能保持的西周不到三百年，而后来春秋战国时期，天子地位低得很，根本指挥不动诸侯。汉代的分封也因为八王之乱很快中止。李世民分封之后自我感觉良好，这边大臣们就热议上了。李百药上了一篇长长的奏疏，对此事深入分析，反对分封。他列举了历史上诸多事例说明：同宗同族的诸侯王并不是总能够同甘共苦，被封的皇亲国戚大多凭借门第取得富贵，根本不能爱惜所得；大多数贵族子弟“忘其先业之艰难，轻其自然之崇贵，莫不世增淫虐，代益骄侈”。李百药坚持认为应当等国家安宁富裕之后，皇帝去泰山封禅之时，再制定划分疆域、治理天下的制度，讨论诸侯的分封。

马周也持同样的态度。他说："我看到皇帝的诏书让功勋之臣镇守藩部，并且可以子孙袭位，如果没有大的过错，就不能罢免他们。我想陛下这样对他们，确实是出于爱护和敬重，想让他们的子孙也与国家一起长保富贵。可是功臣及其子孙能做到吗？像尧舜那样圣明的人都有丹朱、商均那种不肖之子，陛下怎么还指望以后能以儿代父呢？恐怕相差太远了。"更重要的是，马周说道："万一继承爵位的年轻人骄横放纵，使百姓受害，国家也因此衰败。杀了他们，他们父辈的功勋还在；不杀，他们又罪恶昭彰，到时候就难办了。这样的分封，看似爱护功臣，实际则害了他们。我认为，不如奖励他们田地和百姓，确实有才能的，按照能力授官。过去汉光武帝不给功臣授官，反而保全了他们的名声，就是这个道理。"

李世民对此深以为然，于是就停止了分封。分封的想法，自贞观元年（627）起就提及，萧瑀大力建议，李世民极为赞同，到贞观十三年（639）才停止。从历史经验看，搞分封制当然是历史的倒退，李世民能够醒悟过来很不容易。李世民的大臣是极有远见的，不仅谏臣们大多能指出分封的害处，被分封的大臣也站出来反对。从历史事实来看，诸侯乱国的情况比护国的情况要多得多。这种恩荫的方式，对于选贤任能也有极大阻碍。

李世民在即位之初就说过，自己是一国之君，不是一府之君，天下百姓都是自己的臣民，他不会因新人旧人之分区别对待，而是会量才任用。而且，李世民还把高祖李渊分封的几十个没有功勋的诸侯王全都降为县公。相比于他后来又想大量分封诸侯，令其子孙世袭的做法，他即位之初的言行似乎更明智些。

善待功臣

“飞鸟尽，良弓藏；狡兔死，走狗烹。”刘邦当了皇帝，大肆诛杀异姓诸侯王：韩信、彭越、英布，甚至连救命恩人樊哙也差点被杀。当然还有比刘邦更心狠手辣的，明太祖朱元璋，几乎杀尽了开国功臣。功臣冲锋陷阵打下江山，并且能活到新建的帝国，非常不容易。然而更不容易的是，论功行赏之后，还能继续存活下去。这些打下江山的谋臣武将在皇帝看来，实在太危险了，因为他们有谋反的能力和资本。不管他们有没有谋反的动机，皇帝还是觉得杀了他们比较放心。相比之下，宋太祖赵匡胤要仁慈得多，他搞了“杯酒释兵权”，发了一大堆金银财宝，把功臣们赶回老家安度晚年。有没有这样的开国之主，新朝建立后依旧重用功臣，让他们继续保家卫国、建功立业呢？

贞观十二年（638），一代文豪虞世南病故。起先，虞世南从窦建德手下入秦王幕府，而后一直追随李世民。虞世南的文辞书翰为当世之冠。李世民曾对魏王李泰说："虞世南与我就像是一体，他对我的拾遗补缺，我没有一天暂忘。我有小善，他必定要帮助我实现；我有小过，他一定会犯颜直谏。他死之后，天下还有这样富于学识的人吗？我真是痛心得说不出话来啊！"李世民还作了一首诗纪念虞世南，并且感叹道："钟子期死以后，伯牙不再弹琴。我这首诗，又拿给谁看呢？"他让褚遂良拿着这首诗到虞世南灵帐前读诵一遍，然后烧掉。

贞观十七年（643），李世民又想起与他一起打江山的兄弟们，此时他们大多已年迈体衰，有几位已经辞世。抚今追昔，颇有不胜感慨之意。李世民遂召来阎立本，命他为功臣作画，绘出这些人物的形象以纪念他们的功勋。阎立本既工篆隶书法，又对绘画、建筑极为擅长，他在隋朝做到了朝散大夫，入唐后做到了中书令。阎立本在史上留名不是靠功勋政绩，而是他的绘画技艺。当然，其中代表作就是受李世民之命，为功臣们画的像。

李世民圈定了二十四位功臣，令阎立本作画。这些画像放在皇宫内的凌烟阁。凌烟阁是一座三层楼阁，最高一层（一说为最内一层）为宰辅之像，第二层为王侯之像，最下一层（一说为最外一层）为其他功臣之像，二十四位功臣全都面北而立。这些画像在当时即号称"丹青神化"，可惜未能保存下来。二十四位功臣分别是长孙无忌、李孝恭、杜如晦、魏徵、房玄龄、高士廉、尉迟敬德、李靖、萧瑀、段志玄、刘弘基、屈突通、殷开山、柴绍、长孙顺德、张亮、侯君集、张公谨、程知节、虞世南、刘政会、唐俭、李勣、秦琼。

以二十四位开国元勋的结果来说，死于非命的仅有侯君集、张亮，二人皆以谋反罪被诛。长孙无忌在唐高宗时期被武则天诬以谋反，流放后自杀，其余均得颐养天年。比起汉、明之初的文臣武将，唐朝的开国功臣真是幸运之极！

察人如炬

一位英明的帝王须能察人如炬。古语有言“知人者智，自知者明”，又说“知人易，知己难”，其实，知己难，知人亦不易。历史上，因看错人而引狼入室，或自毁长城的例子还少吗？人心是世上最难测的，然而却又不能不测，不能不知。作为帝王更需要有知人之明。

贞观十八年（644），李世民征讨高丽，听说洺州刺史程名振善用兵，就召他前来询问兵法方略，之后对他非常满意，勉励他说：“你有将相之才，我以后一定要让你派上大用场。”结果，程名振呆呆地坐着，一动不动，并没有表示谢意。李世民有点生气，想要责怪他，转念一想，不如试一试这个人的品行如何。他站起来装作大怒的样子，骂程名振道：“你这个山东鄙夫，当个刺史就以为了不起了吗？竟然敢在天子面前语言粗疏，还敢不拜谢！”只见程名振不慌不忙地站起来，道歉说：“我是地方官，从未亲奉圣问，刚才正全心全意地想着如何回答您所问的问题，所以忘了拜谢。”李世民再问他问题，程名振愈加表现得神态自若，思路清晰，应答有条有理。李世民感叹说：“房玄龄跟随我二十多年，每次见我谴责别人时，他都会脸色失常，惊慌无措。程名振之前没有见过我，我突然发怒，他却没有被惊恐震慑，而且辩答非常出色，真是奇士啊！”李世民立即提拔程名振为右骁卫将军、平壤道行军总管。

李世民不仅对地方官考察精准，对朝中的重臣也都观察细致、了解深入。李世民曾在朝堂公开分析大臣们的优缺点。他说：“长孙无忌善避嫌疑，应对敏捷，决断事理，连古人也无法超过他，但是带兵打仗不是他所擅长的。高士廉涉猎古今，经术明达，面对大灾难可以坚持气节，当官不勾结朋党，但所缺乏的是骨鲠规谏的勇气。唐俭言辞辩捷，善和解人，他侍奉我三十年，但没有过激烈的劝善规过，也没有提出过有风险的兴革建议。杨师道性情纯和，不犯过错，但他性格怯懦，危急间不能指望他出力。岑文本禀性敦厚，文章华赡，但却太自负。刘洎最为坚贞，对人有义，然而他太讲义气，对自己的朋友就会有偏私。马周见事敏捷，反应迅速，坚贞正直，评论人物也能公正客观、直言不讳，我把任务安排给他，他总能够称我的心意，他就像是飞鸟依人，我是最喜欢的。”关于武将，他说：“如今的名将只有李勣、李道宗、薛万彻三人而已，李勣、李道宗不能大胜，也不能大败，薛万彻不是大胜就是大败。”此时李靖在家养老，故评价中也就不包括他了。

李世民热衷于考察和评判手下的文臣武将，他识人能力高超也与臣僚聪明善察有关。李世民曾设宴招待群臣，房玄龄、魏徵、李靖、温彦博、戴胄等人都参加了宴会。酒酣神畅之际，李世民问王珪：“你最擅长辨理，对品评人物也很有一套。你来说说，今天座中这些人都怎么样？从房玄龄起，各有什么优劣？你也可以说说，跟他们比，你自己怎么样？”

王珪回答：“对待国家事务孜孜不倦，知无不为，这一点我不如房玄龄。每每将谏诤放在心上，以皇上之圣明不如尧舜当作自己的耻辱，这一点我不如魏徵。才兼文武，既可出为将，又可入为相，我不如李靖。铺陈奏议详细明晰，处理事务公正平和，我不如温彦博。处理繁杂和困难的问题，我不如戴胄。至于激浊扬清，嫉恶好善，相比他们，我不能谦虚，也有自己的一面之长！”李世民对此非常赞同，大家议论纷纷，都认为王珪所论确切恰当。

李世民在发动玄武门之变时，曾向李靖、李勣二人请教。当时秦王府中，李世民的心腹只有长孙无忌与高士廉、侯君集、尉迟敬德等人在身边，所以李世民犹豫不决。结果李靖、李勣二人竟然拒绝回答。虽然二人战场上都听从指挥，但此时就是不肯表态。当然此事确实说不得，让李世民杀自己的兄弟，哪天李世民后悔了，觉得是手下人唆使的；不让李世民动手，反受兄弟之害，也是罪莫大焉。为了不成为千古罪人，还是沉默为上吧。不过，李世民不仅没有因此疏远二人，反而更加敬重他们。

善察人，才能正确用人，才能将国之大政交付其办理。明君定然不是君主一人明，而臣僚皆暗；必须是上下皆明，才称得上“明君”。

量才而用

每个人的才能是不同的，或善于推理，或善于谋划，或善于文辞，或善于精打细算。通常说来，单个的人也不是全能的，必定有其不足，有其不知不能。对于领导者来说，也不能要求手下全是通才能人。天生万物各有禀性，各有用途，巨木可以渡海，顽石自可补天。能用人之长，才是高明的领导者。

太原起兵之前，李世民就极力搜罗人才。参与了晋阳宫兵变的长孙顺德、刘弘基等人，就是他在市井之中发现的。这些人后来跟随他征战，都立下了赫赫战功。但仅有这些人还远远不足以夺取天下。在进长安之前，李世民听人推荐收了房玄龄，又通过战争收服了屈突通、殷开山等隋朝的骁将，打败刘武周，收尉迟敬德，杀了哥哥李建成，把他手下的能臣猛将又一股脑地拉到自己阵营中来，其中就包括魏徵、薛万彻。

史书中将房玄龄善于谋划与杜如晦善于决断并称为“房谋杜断”。这正是李世民善于用人的最佳例证。房玄龄对于政事极为明达，再加上他文辞畅达，做事兢兢业业，克己奉公，唯恐有闪失；而且房玄龄待人宽厚，议论公平持正，对人也不求全责备。他与杜如晦举荐了许多人，对别人的优点都尽力表彰。朝廷任用官员主要是由房、杜二人决定的。他们两个人的公正无私对于吏治的清明影响极大。李世民常与房玄龄谋划国事，房玄龄总是说：“这事没有杜如晦不能决断。”等杜如晦到了以后，用的总是房玄龄的计策。房杜二人相互欣赏和尊重，又能同心协力操劳国事，因此只要是称赞唐代贤相，人们总是要提起房玄龄和杜如晦。

房玄龄虽然是李世民极为倚重的人，但是他处处小心翼翼。有时候因为一点小事被皇帝责怪，他就会立即到朝堂请罪，一副惊慌恐惧的样子，好像无法自处。因为房玄龄小心谨慎，公正持重，所以在贞观年间，李世民始终对他委以重任。

贞观时另一位名臣戴胄也深受李世民信用。与房玄龄不同，戴胄为人耿介忠直，敢于秉公执法，坚持正义，甚至不惜冒犯皇帝。贞观元年（627），戴胄为大理少卿，主管断狱。当时国舅长孙无忌是吏部尚书。有一次，李世民召长孙无忌进宫。长孙无忌急冲冲赶来，下马入宫，忘了解下佩刀，直接进入了东上阁，此举按律是重罪。议罪时，尚书右仆射封德彝说："长孙无忌带刀入内殿，而监门校尉没有发觉并阻止，应当判处死罪；无忌失误带入，罚铜二十斤。"李世民说："可以，就这样处置吧。"戴胄立即反驳，说："校尉没有发觉并阻止，与长孙无忌没有发觉而带入，是同样的失误！臣子对于皇上，是不能失误的。按法律，供给皇帝的汤药饮食，弄错了是死罪。陛下如果要以长孙无忌的功劳来抵其过，那就不是按法律来判决了；要想依据法律，罚铜就不算公正。"

李世民说："法律不是我一个人的法，是天下人的法。怎么可以因为无忌是国戚，就要屈法来阿附他呢?"就下令重新再议。当时封德彝仍坚持最初的议论：校尉死罪，无忌罚铜。李世民还是准备听从这个建议，戴胄又谏道："校尉因为无忌的过错导致犯罪，从法律来说，应当从轻。若论事情的性质，都是失误。然而，校尉死而无忌生，一生一死之间，差别这么大，太不合理。我坚持自己的看法，不能这样处置。"李世民说："你能为了维护国家的法令公理而力争，那我为校尉免死怎么样？让长孙无忌与监门校尉同得生路，你以为如何?"戴胄赶紧说："陛下此举是大善，无忌与校尉也得以同法。这样最好。"

这种冒犯天颜、固执己见的事，在戴胄身上不止出现过一次。贞观初，朝廷选士要看资荫出身，这样就有不少人诈称出身士族大家。李世民知道后很生气，下令让这些人自首，如果不自首被查出就判死罪。不久，真有诈称士族出身的人被查出。戴胄据刑律，判处那个人流放，并上奏李世民。李世民大怒，说："我下令不自首的人都要处死，你怎么判处流放呢？这是让我失信于天下啊，你是不是收了别人什么好处？"戴胄说："陛下要是现在把他杀了，我管不了。但是，您把他交给执法的部门来管，我就要依法办事。"李世民说："你是要让自己守法，让我失信于天下吗？"戴胄说："法律是国家颁布的，是对天下的大信；而您的一言，是据一时的喜怒而发。陛下逞一时之忿而下诏杀人，臣必然知道这是不符合法律规定的。应当忍小忿而顾大信！如果顺一时小忿而违大信，我就为陛下感到惋惜了。"李世民闻后默然，同意了戴胄所奏。

戴胄为国家忠心耿耿，李世民量才而用，可称为佳话。李世民曾对左右的人说："戴胄与我没有骨肉之亲，但是他忠直励行，情深体国，遇到重要的事，总是要让我知道。我给他的官爵，不过是仅能报答他的忠诚罢了。"贞观七年（633），戴胄去世，李世民非常悲痛，废朝三日，为戴胄举哀。又因为戴胄所住的房子破败简陋，没有祭堂，李世民下令为他建庙。

李世民用人颇有心得。他曾对魏徵说："当帝王的，必须为官职选择合适的人，不可以冒失用人。我现在做任何一件事，都被天下人看着；出任何一言，都被天下人听着。用对了人，正直之士可以上位；误用恶人，就会让心术不正的人上位。为帝王者要赏罚得当，对有功劳的人行赏，那些无功的人就会自退；对有罪的人惩罚，会让为恶的人恐惧。所以，赏罚不可轻行，用人更须慎重。”

魏徵回答道：“认清一个人，是最难的事。所以考察官员一定要注意他品行的善恶。一定要能知其善，才可任用。假如这个人才能不行，还不至成为大害。误用恶人的话，则危害很大。过去乱世的时候，对官员只求其才，不顾其行。现在天下太平，必须要才德兼备，才可以使用。”

厚待忠良

乱世之中，有许多忠义之士，只跟着一个主子冲锋陷阵；有许多两面倒的墙头草，在不同的力量之间攀附；也有不断地弃暗投明，寻找真正明主的人。其实，换一个主子又有什么错呢？难道非得跟着没有能力平定天下的主人一条道走到黑吗？只是对待换主的人，明主要有手段令其为己所用，且能令其不再生换主之心。打天下的时候绝不可以是孤家寡人，绝不可以只靠自己的两只手，而要有许多帮手。这一点，李世民是很清楚的。他的高明之处在于，既能够真正地接纳并使用投诚者，又能表彰投诚者当初的忠义行为。

冯立在唐高祖武德年间是太子李建成的手下。玄武门之变后，李建成死在二弟李世民箭下，消息传到东宫，太子的手下全都四散逃去。冯立留了下来，他叹息道："怎么能在太子活着时受他的恩德，死了之后就逃离不顾呢！"于是，冯立带着东宫的部队赶到玄武门攻城。经过苦战，冯立杀死了李世民手下的屯营将军敬君弘。然后，他对自己左右的士兵说："这也算是稍微报答了太子。"于是他放下武器，逃到山林间藏起来。不久，他自觉逃无可逃，又到李世民面前请罪。李世民面数他的罪状说："你此前在东宫，破坏我们兄弟感情，这是第一条罪。昨天带兵来打我，杀了我那么多将士，这是第二条罪，怎么能逃避一死？"冯立流着泪回答说："我出来为主人做事，就要为主人效命。作战的时候，我不会顾惜生命。"说完，冯立大哭起来，悲不自胜。李世民劝慰他说："你是忠义之士，敢以性命报效主人，是值得嘉奖的，不要悲伤了。"于是李世民又委以冯立重任，让他担任左屯卫中郎将。冯立对李世民感恩不已。后来他对自己的亲信说："我竟然能够免死，这是皇帝给我的莫大之恩！我一定要拿这条命来报答！"不久，突厥的军队杀到了长安西边的便桥。冯立带了数百骑兵奋不顾身，与突厥军苦战，杀敌甚多。李世民听到战报以后，非常高兴，对冯立赞赏不已，下令给予嘉奖。

李世民不仅对冯立的忠义十分赏识，对谢叔方也是一样。谢叔方是齐王李元吉的部下。玄武门之变时，谢叔方率府兵力战，与冯立一起抗击秦王李世民的军队。他们杀了秦王的部下敬君弘和吕衡以后，秦王的军队已经士气不振。直到尉迟敬德拿着李元吉的头给他们看，谢叔方才下马大哭，对着李元吉的脑袋跪拜，然后就逃走了。第二天，谢叔方来到李世民处自首。李世民并没有处罚他，反而说："你是真义士！"并授予他右翊卫郎将之职。

正因为李世民有如此宽广的胸怀，所以才能收到真正的勇士，而且这些勇士都能够前仆后继地为他驰骋，供其驱使。

贞观二年（628），李世民想将李建成和李元吉的尸首重新厚葬。诏令一出，尚书右丞魏徵和黄门侍郎王珪就上疏请求陪送。因为魏徵和王珪原是李建成的部下，希望能参加旧主的葬礼。当时二人上表说："我们过去受太上皇的任命，在东宫受太子驱使。前太子结衅宗社，得罪人神，我们不能跟着他一起赴死，拿什么来报答他呢？陛下德光四海，道冠前王，明社稷大义，知骨肉深情。我们臣子也愿尽礼申哀。希望在葬礼之日，准许我们送棺至墓所。"李世民沉思片刻即慨然允诺，准许李建成、李元吉的旧臣全部参加送葬。既然要厚葬被自己屠杀的兄弟，当然也要将厚葬的义举做到底，令其旧臣尽行送葬。何况，这并不会伤及现在的人心，大臣们并没有因缅怀旧主而敌视今主，而是更加服膺李世民的大度英明。通过这一次厚葬，李世民彻底将李建成和李元吉的旧部收服。

李世民对忠烈之士极为敬重，即使是反对自己的，也常常嘉赏。他曾问侍臣：“忠臣烈士，哪一朝没有呢！隋炀帝那么昏聩，忠烈之士也是有的。你们知道隋朝谁能称得上忠臣？”

王珪回答说：“我听说太常丞元善达在京留守，见群贼纵横，就亲自骑马远赴江都，当面向炀帝进谏，让他回长安。炀帝不接受他的谏言。元善达痛哭流涕，极力进谏，把炀帝惹怒了。炀帝等他走后派兵追杀他，迫使他后来死在荒山野岭。还有虎贲郎中独孤盛当时担任江都宿卫，在宇文化及造反的时候，独孤盛孤身迎敌，最终战死。”

李世民说：“还有一个人啊！大将屈突通坚守潼关，我们久攻不下。后来他听说京城沦陷，就放弃守城，带着手下的士兵向东逃跑。我们的军队追至桃林时，我派了他的家奴前去招降，他把那些家奴全杀了。我又派了他的儿子去劝说，他对儿子说：‘我蒙隋主恩遇，已经侍奉了两代皇帝。现在正是我为国而死的时候，你与我过去是父子，现在则是仇敌。’屈突通说完举箭就射，他的儿子只能逃走。后来，屈突通的手下士兵也都四散逃跑，只剩他一个人。他对着东南江都的方向大哭，说：‘我蒙受国恩得任将帅，才智和力量全都用完了，到了今天这样败亡的地步，不是我不竭力尽忠报国啊。’说完，追兵赶到把他捉住。太上皇授他官爵，他总是借口有病尽力推辞。这个人的忠诚节操，足以表彰嘉奖！”屈突通后来归顺唐军后也立了不少战功。贞观时，李世民令阎立本在凌烟阁为二十四位功臣画像，其中就有屈突通。这次谈话之后，李世民让有司到民间探访隋大业时因直谏被诛杀者的子孙，给予抚恤。

贞观十九年（645），李世民亲自带兵攻打高丽，在辽东安市遭到了顽强抵抗。当时安市的高丽人奋起抗击，死战守城。李世民下诏，令高丽守将耨萨延寿、惠真等人投降。李世民的部下到城下举起诏书招降，结果耨萨延寿、惠真根本不理睬，坚守不动。而且他们每见到唐军的幡旗，就登上城楼擂鼓。李世民非常愤怒，下令让江夏王李道宗在城边筑起土山，想从上向下攻入城内，结果还是不能攻破。李世民无奈，不久便班师回朝。回朝之前，李世民竟然又颁一诏：嘉奖安市城主坚守臣节，赐绢三百匹。此举真可谓令人惊骇。能够不分敌我，对忠诚事君之臣嘉赏表彰，实在是有器量，也实在是高明。

推崇孝道

从汉代开始，统治者就标榜“以孝道治天下”。“孝”成为社会道德的核心。不孝的人，统治者甚至可以杀了他。比如孔融，文章道德及社会名望都极高，但他老是与曹操唱反调，曹操就以不孝的罪名把他杀了。据说孔融当时有这样的言论：父亲对儿子有什么亲情可言呢？

儿子不过是父亲发情后的产物。儿子与母亲之间也是这样，儿子不过是暂寄于母体，儿子出生，就离开了母体，与母亲无关。这种“父母于子女无恩”的论调相当惊世骇俗，极大地挑战了当时的伦理观，对于“孝治”的根本也提出了质疑。

孝本身是无可厚非的，可是，当孝成为统治者的工具时，就显露出严苛的狰狞面目。如二十四孝里的“郭巨埋儿”，郭巨为了奉养母亲，想节约粮食，就先要把自己儿子埋了！这样的孝实在可怕。但统治者积极推行的恰是这种严厉的甚至不近人情的孝道。因为这样的孝与忠在本质上是统一的！愚孝，才会愚忠。建立这样的伦理秩序，父子之间关系得以平衡，君臣之间得以凝聚。李世民对忠烈不遗余力地推崇，对孝道当然也是大力嘉奖。正因为统治者好之，也就有臣下从之。

房玄龄对自己的继母非常孝顺，色恭礼备，侍奉继母谨慎周到。每次继母生病，房玄龄必定请医生到家来诊治。医生进门前，房玄龄总是站在门前迎接，流着泪向医生叩礼。继母去世后，房玄龄在家服丧，整个人瘦若枯柴。李世民命散骑常侍刘洎去宽慰他，赐房玄龄寝床和饭食。

李唐宗室之中，有孝义之名的人也不少。韩王李元嘉是李世民的异母弟。贞观初李元嘉为潞州刺史，当时才十五岁。在潞州听说母亲得了重病，他终日啼哭，不肯吃饭。后来赶到京师发丧，李元嘉又悲伤过度，远远超过古礼的规定。李世民多次对他嘉奖劝勉。李元嘉平日朴素贫寒，与弟弟李灵夔非常友爱。他修身洁己，内外如一，当时诸王中没有能比得上他的。

李世民的另一个异母弟霍王李元轨，也同样以孝闻名。高祖李渊尚在时，李元轨被封为吴王。贞观七年（633），李世民任命他为寿州刺史。贞观九年（635），高祖驾崩。李元轨去职，离开寿州回到京城，因哀毁过度瘦得只剩一把骨头。自那以后，他常穿着布衣，表明自己终身悲戚。李世民曾问左右侍臣："我的子弟中，哪一个最贤明？"魏徵回答说："我愚昧不清，不尽然知道谁的才能最高。但是，吴王元轨在与我的交谈中，从未有失言，反倒是我失言较多。"李世民问："那吴王与前代的贤人相比，可比得上谁呢？"魏徵说："经学文雅，可比得上汉朝的河间献王刘德，东平献王刘苍。至于孝行，可以比得上古代的曾参、闵子骞。"李世民一听大为高兴，对李元轨宠遇甚厚，后来还把魏徵的女儿许配给他。

李世民对外族之人的孝行也极为推崇。贞观时，有一个突厥使者来到玄武门，吃饭的时候，把肉放在一边不肯吃。有人问他为什么，他说："我要把肉带回去给我母亲吃。"李世民听说这件事后，赞叹道："仁孝之性，哪里有华夷之分？"他立即赏赐使者一匹马，诏令给其母肉食。

诸如此类的孝行，李世民一直大力提倡。贞观时期的社会秩序能迅速恢复，与李世民积极推行以孝为核心的道德观密不可分。

舍短用长

凌敬自李世民打天下时就一直跟随在他身边，他长于文章，是李世民手下的重要谋士。贞观十一年（637），有司检举凌敬贪财。李世民听闻后，责怪魏徵等人举荐官吏不当。魏徵说："陛下每次问我臣子们的情况，我都将他们的优缺点全说出来。凌敬这个人，有学识，强谏诤，这是他的优点；爱财，好经营，这是他的缺点。凌敬这次是替人写碑文，教人读《汉书》，通过这些挣点钱，算不上大过，与我所说的缺点不同。陛下看不到他的优点，只见到他的缺点，就以为我们是在欺骗圣听，这是我不能接受的。"李世民接受了魏徵的说法，对凌敬也没有做出处罚。

人都是各有短长的，能够用其长舍其短才是英明的领导。最能体现李世民此项能力的是他对宇文士及的任用。

宇文士及出身于隋朝贵族，隋文帝开皇末年，他承父荫被封为新城县公。他的哥哥就是后来造反杀了隋炀帝的宇文化及。宇文士及极有才能。隋文帝杨坚曾与他长谈，对他十分欣赏，就把杨广的女儿南阳公主嫁给他，宇文士及因此成为驸马。隋炀帝在江都驻扎时，宇文士及一直跟随左右。宇文化及谋反时，考虑到宇文士及是隋炀帝的驸马，不敢把谋反的事情告诉他，一直等到杀了炀帝，才对士及讲明，还任命他为内史令。宇文化及的叛军杀到黎阳时，李渊写信给宇文化及，想要招降他，宇文化及没同意。可是，他的弟弟宇文士及却暗中派了家童从小路前往长安，向李渊表忠心，还派使者向李渊进献了一副金环。李渊高兴坏了，对侍臣说："过去我与宇文士及一起做事，现在他来进献金环，就是愿共谋大事了。"

后来宇文化及军队溃散，宇文士及劝哥哥说："这样下去也无济于事，不如归顺长安李渊吧。"宇文化及还是不同意。不久，宇文化及被河北义军窦建德所擒。当时宇文士及和封德彝在济北征军粮，听说此事以后，济北的豪强都劝宇文士及集合齐鲁之地的豪强向北攻打窦建德，收复河北，然后再依天下的形势伺机而动。宇文士及与封德彝商讨之后觉得成事的希望不大，权衡再三，二人一起到长安向李渊投降。李渊见到宇文士及后数落他："你们兄弟二人一心想夺取天下，现在宇文化及被擒，你无处可归，所以才来投降。要是当初你们一路得胜，抓到我们李家父子，怎么肯让我们活命？你说，我应当怎么处置你们呢？"宇文士及急忙道歉，说："我是罪不容诛啊，但早在涿郡之时，我们两人就夜半密论时事；后来在汾阴宫，我又向您表白心意。自从陛下在长安立唐为国号，我就倾心归向，所以才暗地里进献金环，实在是希望能赎此罪。"李渊开怀大笑，对站在一边的裴寂说："此人与我谈论天下大事到现在都六七年了，你们都还在他之后呢!”当时宇文士及的妹妹是李渊的昭仪,正受李渊宠爱,因此宇文士及也受到李渊的重视,成为亲信。

宇文士及为人颇遭世人诟病:作为隋炀帝的驸马,却背叛隋朝;接受了哥哥封赏的高官厚爵,却暗地里向李渊示好;当自己的哥哥身陷敌手,却不施救援,直接投奔了李渊。在为自己的前途利益和身家性命计算上,宇文士及是一个极为自私的人。然而他确实非常有才干。对于这样的人,李世民取其长而用之。攻打宋金刚时,宇文士及立了大功,高祖李渊就恢复了他在隋朝时的新城县公爵位,又将寿光县主嫁给他。不久,宇文士及调任秦王府骠骑将军,在李世民身边出谋划策,并跟随他出征四方。之后,宇文士及参与了平定王世充、窦建德的战役,立下不少战功。宇文士及也接连被封为郢国公、中书侍郎,玄武门之变后又转为太子詹事。

李世民继位后,宇文士及被封为中书令,食益州七百户,不久,又兼检校凉州都督。当时突厥不断侵犯边境,宇文士及想树立威信镇服边境,每次出入陈列卫兵时,都摆出很大的阵势。另一方面,他在当地折节礼士,深得民心。宇文士及在凉州恩威并施,很快就树立了声望,安定了人心。后来,宇文士及被任命为右卫大将军,李世民对他极为宠信,常常把他请到内宫,半夜才放他出去。有时宇文士及回到家洗漱完毕后,李世民又会派人召他进宫谈话。这样的恩荣,同时期的官员少有能得到的。

宇文士及还有一个优点，就是为人极为谨慎，嘴巴非常严。每次妻子问他宫中之事，他从不肯透露一字。宇文士及最后做到殿中监，加金紫光禄大夫。他病重的时候，李世民亲自到他的床边慰问，拉着他的手流泪不止。

总的来说，宇文士及虽然有受人诟病之处，但他能够发挥才能，立下卓越功勋，这与李世民开明的用人理念密不可分。宇文士及生活作风奢侈，与李世民一直倡导的节俭风气相悖，与其他的贞观名臣迥异，但他还是得以善终，死后极尽哀荣，陪葬昭陵。宇文士及的谥号本为“恭”，刘洎不同意，说：“宇文士及居家侈纵，不宜为恭。”后来改谥号为“纵”。这也算是对宇文士及的中肯评价了。

礼遇前贤

自古一朝天子一朝臣，每一位新君登基，总要建立自己的官僚队伍。但怎么对待那些在人事更迭中的故吏和那些大权旁落的老臣，是个难题。有的天子对待前朝老臣，削权流放；有的令其告老还乡；有的干脆将其斩尽杀绝，以绝后患。李世民要比历史上大多数皇帝英明得多，他不仅按自己的意愿建立起新的官僚体系，还吸纳了李渊的一些重臣，将他们安置得很妥帖。不走过河拆桥的路子，这不仅是仁义宽厚的表现，更重要的是可以收服当朝大臣之心。每一位大臣无论在位时有多么煊赫，都有成为故吏的可能，那么当朝天子对待旧臣的做法很可能直接关乎自己的下场。

唐初重臣陈叔达的一生比较传奇。他是南朝陈宣帝的第十六子，著名的亡国之君陈叔宝的弟弟。隋朝大将韩擒虎打进南陈的宫殿时，陈叔宝与贵妃张丽华、孔贵人躲到了枯井里，而后陈叔达与他们一同被俘。到了长安，原陈朝的诸王大臣都有封赐，陈叔达因才学渊博被隋文帝封为内史舍人。他赋诗作文，倚马可待，在南朝时受到大文豪徐陵的赏识。李渊起兵时，陈叔达为绛郡通守。他献出郡城，带着官印账簿归顺了李渊，被李渊授予丞相府主簿，封汉东郡公，与温大雅一同执掌机密文书。武德期间，李世民与太子李建成争斗不休，陈叔达基本上不偏不倚，关键时刻还在李渊面前帮李世民说好话。李世民做了皇帝后，陈叔达官拜礼部尚书。陈叔达虽有才华，但为人倨傲，在李世民争夺帝位的事情上又自恃有功，常常在朝廷上行为放诞。他身为礼部尚书，坐在台阁中却又不理事，被御史上奏弹劾。李世民不愿加罪于他，让他主动辞职回家。陈叔达生病之时，李世民亲自到他的府第探望。李世民又赐其金银器物，对他极为优厚。贞观九年（635），陈叔达去世。李世民下令将陈叔达陪葬昭陵，并亲自祭奠。

与陈叔达情况相似的还有贞观时期的另一位重臣萧瑀。萧瑀出身名门，祖父是后梁宣帝萧詧，姐姐是隋炀帝的皇后萧氏。萧瑀在武德年间很受李渊器重。国家初创，典章礼仪皆出自萧瑀之手，萧瑀精通政事，勤于职务。在武德之初，萧瑀就是宋国公、民部尚书。李世民与太子李建成、齐王李元吉内讧时，李渊往往委决不下，而萧瑀能够秉公处事，不偏不倚。李世民与李建成的储位之争，实际上萧瑀帮了李世民的忙，因此后来李世民很感激萧瑀。他对萧瑀的评价也很高："这个人不能以厚利使他动心，不能以刑戮使他畏惧，真是社稷之臣！"又写一首诗赐给萧瑀："疾风知劲草，板荡识诚臣。勇夫安识义，智者必怀仁。"

李世民对萧瑀的不满和冷落是因为萧瑀的性情。萧瑀一向看不起出身低微的杜如晦、房玄龄、温彦博、魏徵等人，而这些人都受到李世民的重用。萧瑀对此很不满，在议论政事时常与他们发生争执，即使在李世民面前也常对他们出言不恭，刻薄挖苦。有时候因为一些小事，他也直接向李世民弹劾这些重臣。李世民不大高兴，多次告诫他不可如此，应与其他大臣和睦共处，共商国是，不要抓别人的小辫子，但萧瑀还是骂骂咧咧，不大服气，甚至好几次在朝堂之上与同僚大喊大叫、争吵跳脚。对此李世民很生气，曾多次罢免萧瑀的相位，不过往往不久又恢复其职位。贞观二十年（646），萧瑀看到李世民因一件事偏宠房玄龄，很不高兴，要求辞职出家为僧。李世民还没回复，萧瑀又上疏说，觉得自己恐怕难以为僧，又不想出家了。李世民非常恼火，直接把他的官爵免掉，贬为商州刺史。不久又恢复了他的宋国公封号。此时萧瑀病重，已经奄奄一息。李世民非常难过，饭都吃不下。萧瑀去世后，李世民追赠他为司空，陪葬昭陵。

以国宴款待马夫

唐军纵横天下，骑兵功不可没。唐军历次与外族的战争中都少不了骑兵。在战争中，冲在最前面的是骑兵，决定战争胜负的也是骑兵！而战马对骑兵至关重要，大唐骑兵的崛起，与重视战马的政策紧密相关。

李渊从太原起兵时，曾向突厥借了两千匹马，后来又得到隋朝的官马三千匹。这是李唐骑兵的家底。这五千匹马随即被集中到陇右，设牧监进行管理。唐朝一直很重视马政，牧监之制为唐朝养马制度之始，逐渐发展成完备的马匹繁育体系。按规定，牧马一百二十匹为一群，每群设长一人；十五群为一尉，由牧尉管理。马五千匹以上为上监，三千匹以上（五千匹以下）为中监，三千匹以下为下监，设牧监管理。牧监设监一人，副监、丞各一至两人。各级牧马官设有考核机构，赏功罚过，有突出贡献的还可以晋升。唐代管理马匹的制度还有：

将马分为左右监，细马在左监，粗马在右监，以数记名并造册。凡征战所需马匹，先调发强壮的，不足时再取其次。唐朝养马讲究质量，常常向北方游牧民族购买优良种马杂交，以改善马匹品种。

陇右牧马基地对大唐骑兵的贡献很大。由于政府重视，管理得法，大唐骑兵的战马从唐初的五千匹，到高宗麟德时期，近四十年时间，竟然发展到七十万六千匹。

李世民深知战马的重要，他在执政期间，对养马一事倾注了大量的心血。陇右牧监里不仅有汉人，还吸收了不少突厥、龟兹、于阗的养马专家，这些高鼻深目、蓝眼睛黄头发的异族人为大唐养马事业做出了重大贡献。李世民欣喜之下，于贞观六年（632）设国宴招待这些于国家有功的马倌。这些身份卑微的马倌从没想过能见到大唐天子！他们受到这样的恩遇，个个感激涕零，尽欢而散。

不过，第二天监察御史马周上了一本，说：“王长通、白明达这些人都只是演奏乐器的；韦槃提、斛斯正这些胡人只懂得调养马匹，就算他们技艺出众，多赏赐金银绸缎就可以了，怎么可以加官晋爵呢？让他们与士大夫站在一起，佩玉拖衣，还同座而食，成何体统？我以此为耻。”李世民觉得马周说得有理，便没再让马倌们与士大夫一起上朝，但是仍给予他们优厚的待遇。

华夷并重

虽然李世民本身有鲜卑血统，不过，他一直都把自己当作汉人，自称是道家先贤老子李聃的后人，以自己为汉人后裔为荣，而且把道教的地位捧得很高。其实不能怪李世民弄不清祖先，经过长期民族融合，唐代的华夷观念没有后世那么强烈，掌握政权的汉人对少数民族虽然有优越感，但并没有过多歧视。李世民当了皇帝以后，用人不问出身，不仅大量任用汉族的杰出人才，文臣如房杜，武将如二李，也大量重用归顺的突厥将领，充分信任他们，使这些人真正地发挥出才能，为国家建立功勋。在这些留下赫赫声名的突厥人中，以阿史那社尔、契苾何力、执失思力三人最为著名。

阿史那社尔是突厥可汗之子，幼年聪慧，且勇猛善战。突厥内乱时，他被薛延陀打败，逃到高昌国，后来又主动归顺大唐。李世民对他很欣赏，把衡阳长公主嫁给了他。阿史那社尔作战英勇，立下不少战功。贞观十四年（640），侯君集带领大军攻打高昌国，阿史那社尔作为交河道行军总管一起出征。这一仗大胜，破城以后，侯君集带兵在城中大肆抢掠，只有阿史那社尔危坐不动。别人抢来东西分给他，他坚决不要，说："皇帝没有下旨给我，我不能要。"回到长安，圣旨下来，其中有阿史那社尔的赏赐，他才去领赏。他挑选奴仆时也都是挑选一些老弱之人。李世民得知以后，很赞赏他的廉洁谨慎，把从高昌缴获的宝刀及一千段彩锦赏赐给他。阿史那社尔最大的战功是贞观二十一年（647），他作为昆山道行军大总管，率领十几万多民族联军去攻灭龟兹。贞观二十三年(649)，李世民去世，阿史那社尔悲痛万分，竟请求以身殉葬，侍卫陵寝。唐高宗李治派人向他说明李世民的遗嘱，不许其殉葬。四年之后，即唐高宗永徽四年（653），阿史那社尔去世，李治追赠他为辅国大将军、并州都督，下令陪葬昭陵，把他的坟冢修成葱山的形状，并立碑表彰他平定龟兹之功。

另一位突厥将领执失思力也是位了不起的人物。他是在便桥之盟中被颉利可汗派到长安城内打探虚实的突厥将领。当时李世民把他扣留下来，与东突厥结盟以后又把他放走。东突厥被唐军所灭，执失思力被俘降唐，李世民知道他骁勇善战，便封他为左领军将军。贞观四年（630），李世民派执失思力代表朝廷去安抚原来的东突厥诸部。浑、斛萨等部落被成功招降。

执失思力品行高洁，敢于直谏。有一年冬天，李世民在皇宫后苑追逐兔子。执失思力就跑上前劝谏，说："上天任命陛下做天下百姓的父母，统管汉人及蛮夷，至尊至重，您怎么能这样自轻自贱，做无知小儿才会做的事呢？"李世民停下来，可是又意犹未尽，上马策鞭，又去逐鹿。执失思力解下头巾和腰带，拦在马前，跪倒在地苦谏不止，李世民只好作罢。李世民很器重执失思力，后来把妹妹九江公主嫁给他，并封他为驸马都尉。

执失思力为大唐立下很多战功：李靖出征吐谷浑时，执失思力在居茹川大败吐谷浑；吐蕃进攻大唐松州边境时，执失思力与侯君集、牛进达打败了吐蕃军；李世民亲征高丽时，执失思力统领突厥兵驻扎在夏州北部，成功地阻挡了薛延陀的进攻，最后唐军也是以执失思力为主将大败薛延陀。不过，执失思力在高宗时期，受房遗爱谋反案的牵连遭流放，后来复官，死于归州刺史任上。

契苾何力也是贞观时的猛将。他是突厥人，属于契苾部落。契苾部落在今阿尔泰山和天山一带活动。契苾何力九岁时父亲去世，贞观六年（632），母亲带着他率本部一千多家归顺唐朝，李世民把他们安置在甘、凉二州，并任命契苾何力为左领军将军。契苾何力勇猛过人，贞观七年（633）征讨吐谷浑时，薛万均、薛万彻兄弟被吐谷浑包围，二人中枪堕马，契苾何力率数百骑奋勇相救，打退敌军，把薛氏兄弟救了出来。后来得知吐谷浑国王慕容伏允在突沦川，薛氏兄弟不敢进兵突袭，契苾何力当机立断，挑选了千余精兵，直入突沦川，袭破吐谷浑牙帐，大获全胜。由于契苾何力战功卓著，李世民便将临洮县主嫁给他。贞观十六年（642），契苾何力回凉州看望母亲。一些首领反叛，胁迫他的母亲和弟弟一同归附薛延陀。契苾何力不从，众人便把他绑至薛延陀可汗处，他大骂薛延陀可汗，拔刀面向东方大呼："岂有大唐烈士受辱番廷？天地日月，愿知我心！"当即割下自己的左耳，以示对大唐的忠心。薛延陀可汗虽十分生气，但又不敢立即把他杀了，就把他关进监牢。当时有人向李世民说：“人各乐其土，如今何力入薛延陀，如鱼得水，恐怕不会回来了。”李世民却说：“不对，此人心如铁石，必定不会背弃我。”后来有使者从薛延陀回来禀明实情，李世民感动得大哭。于是派人同薛延陀谈判，以下嫁公主为条件，要求薛延陀安全交回契苾何力。这也是李世民憎恨薛延陀，后来新兴公主临嫁悔婚的重要原因。契苾何力还朝后，授右骁卫大将军。后来契苾何力参与了伐龟兹、平西突厥、征高丽等重大战役，立下赫赫战功。

阿史那社尔、执失思力、契苾何力是李唐王朝重用的少数民族将领中的杰出代表。为大唐效力的少数民族将领众多，突厥、铁勒等各族归附唐朝的酋长很多官拜中郎将，跻身朝官。当时的长安城内，蓝眼睛黄头发的胡人众多，在朝中任要职者也比比皆是，其中五品以上的就有一百多人。“泰山不让土壤，故能成其大；河海不择细流，故能就其深。”李世民华夷并用，以人的才能和贡献为重，充分体现了这个道理。

第七章　洞悉人性　攻心为上

善解人意收民心

李世民曾有一个豪举，令后世史家津津乐道。贞观六年（632）十二月，李世民亲自提审关押在大理寺的囚犯。他看到有个死囚跪倒在阶下，体形瘦弱，表情悲苦。一问才知，这个囚犯还有大半年就要问斩，而家中老母和幼子孤苦无依，他却无法见到，既思念不已，又痛悔万分。死囚泪如雨下，李世民悲悯之心大发，说："朕就放你回家过节，一直到明年秋季问斩之时，你再回到大理寺受刑，如何?"李世民说放就真的把他放了。而后李世民想了一想，纵一囚可以，纵天下之囚当然也可以。于是，他大笔一挥，下旨将当时全国在押的二百九十个死囚全都放了，并要求他们到期务必自动来京师受刑。对此满朝文武相当震惊，历来大赦之事常有，但也有"十不赦"。所谓的十不赦，就是犯有十条重罪不能赦免：一曰谋反，二曰谋大逆，三曰谋叛，四曰恶逆，五曰不道，六曰大不敬，七曰不孝，八曰不睦，九曰不义，十曰内乱。

纵囚归乡，并令其到期自动赶来受死——这可是前所未有的事。到了来年秋季，二百九十人陆续从全国各地赶回京城，到监狱报到，一个都没少！李世民听到报告以后，大喜过望。这可是前所未有的盛事！天下的诚信风气到了这般，真可谓近于"大同"之治了。李世民一高兴，又大笔一挥，下旨将这二百九十个死囚全部赦免！

为政善取民心，这是李世民值得称赞的地方。对待臣民，李世民也常常善解人意，大度宽容。

贞观四年（630），李靖攻打东突厥，夜袭定襄大获全胜，颉利可汗潜逃。李靖活捉了躲在东突厥的隋炀帝皇后萧氏和炀帝之孙杨政道，把他们押送到长安。这时，突厥的降将中有人放出话来，说："中原这边有人曾与萧后私下通信。"这话可吓坏了不少人。李世民的朝廷之上，有多少隋朝旧臣啊，如果他们中有人与萧后私下通信，一经查实，就是谋反之罪。中书舍人杨文瓘上疏，要求严审萧后与杨政道，把与他们通信的人都揪出来。李世民不同意，说："当时天下未定，突厥正是强大的时候，有些人愚昧无知，不知投靠哪边，才会向依靠着突厥的萧后投诚表忠心。现在突厥已灭，天下安定，他们自然不会去投靠失败的一方。过去的错误，何必追究呢？"争取民心靠的就是这样的胸怀和胆识。既能容人之过，又有信心化敌为友，甚至也要有一点糊涂。

当了皇帝之后，李世民亲征的战役只有讨伐高丽。在高丽，李世民也尽力争取民心。贞观十九年（645），唐军攻打白岩城时，白岩城主表示愿降，但城中有人不从。鉴于此，李世民将唐军旗帜交给使者，说："若真来降，应把旗子插在城上。"城主就命人在城上插满唐军旗帜，城中人见到后，以为唐军已登城，都跟着投降了。

李勣奉李世民之命会见了高丽的守将，接受投降，但是他手下的将士却不乐意了，说："拿下白岩城是举手之劳，我们不顾生死冒着箭矢往前冲，就是要得到赏赐。眼看就要攻下来了，为什么要接受投降呢？"李世民从马上下来，向将士们道歉："你们说得是！然而纵兵杀人，俘虏他们的妻小，我不忍心。李勣将军麾下有功者，我拿国库的财物来赏赐，就算我赎此城。"李勣率兵退去，李世民设帐受降。城中万余口俘虏，李世民都赐给他们衣食；八十岁以上的，还赐给他们布帛。从其他地方到白岩守城的士兵，李世民命令发给他们粮食，听任他们回乡。于是，很多投降士兵从军效力。

化仇敌为亲信

在凌烟阁绘图的元勋中，有多少曾经是李世民的仇敌呢？

魏徵是在李建成被杀后归顺李世民的；尉迟敬德原是宋金刚手下，在美良川之战中与李世民的军队打得难解难分；李靖原是隋朝旧官，任山西马邑郡丞时察觉李渊有反隋之心，意欲上告，被俘后才臣服于李渊；屈突通是隋朝大将，李世民的部队攻破长安之前，唯一没有攻下的城池就是屈突通镇守的河东郡，李渊后来无奈令军队绕过河东郡，先取长安，然后再令军队回攻，屈突通孤城难守，被迫投降；秦叔宝先在隋将来护儿手下，后又在李密、王世充手下为将；程知节、李勣等人，都曾是李世民敌方阵营中的人物。

这些曾经战场上的对头怎么都成了李世民的股肱呢？首先，得要有实力。一方面是打败对手的实力，另一方面是一统天下的实力。有打败对手的实力才可能擒获对手，令对手臣服；有一统天下的实力，才能让对手心生向往，主动投奔。除了实力，还有更重要的，就是尊重。

贞观七年（633），太常卿萧瑀上奏说："我听到《破阵乐》现在正广为流传，可是我听了以后觉得还不够好。《破阵乐》对千军万马的气势表现得不够，对胜利的彰显也不足。陛下戎马纵横，前后破刘武周、薛举、窦建德、王世充等强敌，英名神武，声威赫赫于天下。我愿意重新谱写此曲，尽情地描述陛下征战沙场的胜绩。"李世民说："当时四方未定，我是为了救天下百姓于水火，才兴起战争，创建邦国。因为这些战争，民间才有这些舞蹈，国家才谱制了这些曲子。然而这些乐曲只需要陈述大概，而不必形容详细。若是形容得太细，人物和事件就会被识别出来。我现在的将相，有多少曾是受李密、王世充等人驱使的啊？这些人与他们曾经是君臣，现在要是让他们回想起旧主被擒获的狼狈凄惨之状，一定会很难过的。我不想让他们伤感，所以不去渲染这个曲子。"萧瑀道歉说："陛下圣明仁爱，这方面我真是没有想到！"能够为手下将士们考虑得如此周到，这是李世民能够化仇敌为股肱的重要原因。

秦叔宝和程知节是李世民化仇敌为股肱的典型代表。武德二年（619），秦叔宝与程知节为洛阳王世充手下。王世充很器重他们，但是秦叔宝与程知节却讨厌王世充为人多诈。程知节私下对秦叔宝说："王世充这个人器度小，说话虚妄，还喜欢赌咒发誓，这简直是老太婆作风，哪里像拨乱之主？"秦叔宝也说："是啊，我们从李密手下出来，结果碰上这么个主子，真是难以称心。"两人商量好要逃到李世民那里去。过了几天，王世充与李世民在九曲作战，秦叔宝与程知节都带着士兵列阵。突然，二人带着几十骑向西奔跑，然后下马向王世充拜别："蒙您的礼遇，一直想报效，但是您好猜忌、信谗言，不是我们能托身的主公。今后不能为您做事了，就此告别。"二人带着亲信向秦王李世民投诚。王世充虽气急败坏，却不敢追击。李世民待秦叔宝、程知节亲如兄弟，封秦叔宝为马军总管，程知节为左三统军。后来李世民所向无敌的玄甲骑兵，就是由秦叔宝率领，在历次战役中打先锋、设埋伏，为李世民统一全国立下赫赫战功。得知秦叔宝与程知节在李世民这边大展鸿图，王世充手下的其他将领如李君羡、田留安等也都率众来归。

李世民不仅有方法吸引、有气度容纳这些敌营中的大将，还能令他们为自己舍生忘死地冲锋陷阵。攻打王世充时，李世民带了原来的隋朝降将屈突通。当时屈突通的两个儿子都在洛阳，李世民担心他的两个儿子会遭王世充的毒手，问他：“打洛阳，王世充若知道你在，你的儿子就会有危险。”屈突通说：“我当初为俘囚，命就是你给的。你给我恩礼，我已经发誓要报效了。我现在只担心不能为大唐尽忠，不担心儿子。”

当然，也不是所有的投诚之人都会受到李世民重用。原因是李世民极看重气节，即使是投诚之人，也不能出卖旧主。有一个叫裴虔通的人，原来是隋炀帝的亲信，官至通议大夫，后来他与司马德戡作乱，把隋炀帝抓住致使炀帝遭缢弑。裴虔通后来降唐，做了徐州总管。然而李世民打完仗一想，此人卖主求荣，实在不能用，就直接以“隋朝叛逆”之名，将他流放岭南。

信任无价

历史上，聪明智慧的君主不少，多疑好妒的君主也有很多。有时候，君主对臣子的不信任对事业造成的损失很大。东汉末年，曹操平定北方，兵多将广，又能挟天子以令诸侯，势不可挡。他率大军征剿仅数万兵马的东吴。后来苏轼在《赤壁赋》中形容其气势：“方其破荆州，下江陵，顺流而东也，舳舻千里，旌旗蔽空，酾酒临江，横槊赋诗，固一世之雄也。”然而曹操最终败走华容，丢盔弃甲，狼狈而归。这是什么原因呢？恐怕最主要的因素就是中了周瑜的反间计，战前杀了水军将领蔡瑁、张允。周瑜的反间计能成功就是利用了曹操的多疑。

李世民治兵理政多年，似乎就没中过敌人的反间计，相反他常常能策反对方阵营中的人。武德期间，李世民与李建成斗争不断，相互安插亲信，打探对方底细，甚至拉拢结交李渊的妃嫔，以攻击对方。而最终李世民能在玄武门一战中胜出，很重要的一个原因就是他成功策反了玄武门守将——李建成手下的常何。

贞观十九年（645），李世民亲征高丽，命房玄龄、褚遂良等人留守长安，辅助太子监国，自己带兵向洛阳进发。不久，有一个官员找到房玄龄，称要向皇帝举报大臣谋反。房玄龄问："你告的是谁？"那人说："房玄龄。"房玄龄不敢隐瞒，立即派人将告状的官员送到洛阳行宫。李世民一听来人要告房玄龄谋反，只说了一句话："推出去斩了！"然后下旨给房玄龄："以后再碰到这类事情，你直接处理就行，不必禀报我。"

贞观二十一年（647），李世民在翠微宫，要任命司农卿李纬为民部尚书。房玄龄此时留守京城，李世民没有征询房玄龄的意见。正好有一个从京城来的官员前来觐见，李世民就问他："房玄龄听说我要封李纬为民部尚书，是什么态度？"官员回答说："房玄龄没有说其他的话，只是说'李纬的胡须长得不错'。"李世民琢磨了一下，明白房玄龄其实并不赞成，于是改变了想法，另授李纬为洛州刺史。

李世民与房玄龄之间，相互信任，心意相通。房玄龄曾因为小事惹怒了李世民，被责令免职归家。褚遂良上疏说：“房玄龄自举义旗时就跟随陛下出生入死，武德时宫廷内争，控制变乱也是他冒死决策，贞观之初他又选贤立政。作为一个大臣，他已经做出了最大的功绩。他又不是犯了不赦之罪，只不过是官员都可能犯的小错。陛下要是觉得他太老了，应当让他自己告老还乡，退之以礼，不能以偶尔的小过，把他几十年的功勋都抹杀了。”大臣们纷纷为房玄龄鸣不平，李世民仍然不听，执意下诏让房玄龄回家。赋闲期间，房玄龄一直闭门不出。有一次李世民到城外的芙蓉园春游，听到消息，房玄龄让儿子赶紧洒扫庭院，说：“皇帝马上要来了。”不一会儿，李世民果然到了他的家中。君臣相视一笑，李世民立即拉着房玄龄登上自己的皇舆一起回宫。

李世民与尉迟敬德之间的相互理解与信任也很感人。李世民在攻打刘武周的时候，俘虏了寻相和尉迟敬德等多名猛将，对他们都委以军职。不久寻相和一些降将都叛逃了，其他将领怀疑尉迟敬德也要逃跑，便把他关起来。屈突通和殷开山对李世民说：“尉迟敬德这个人骁勇无比，现在把他囚禁起来，他一定心生怨恨。留着也是个后患，不如把他杀了。”李世民不肯，说：“如果尉迟敬德想要叛逃，怎么会在寻相之后呢?”随即让人把尉迟敬德放了。李世民拉着尉迟敬德到自己的卧室，拿出黄金珠宝说：“大丈夫以意气相期许，不要因嫌隙而生气。

我不会相信谗言陷害忠良，你一定要明白我的心意。如果你一定要离开，我拿这些东西资助你，就算表示一下在一起共事的情谊。”

当日，李世民外出打猎，王世充突然带着数万名士兵赶到，把李世民团团围住。王世充手下的大将单雄信举槊直刺李世民，尉迟敬德跃马大呼，一下刺中单雄信的战马，单雄信落下马来，李世民趁机逃脱。而后，尉迟敬德带着主力重新来战，他出入敌军如入无人之境。几个回合后，王世充军队溃败。李世民对尉迟敬德说：“刚才众将都说你必定反叛，这是上天对我的引诱。唯独我相信并保全了你，福善有征，你的报答怎么这样快啊！”

武德后期，李建成与李元吉一心想拉拢尉迟敬德，曾密赠尉迟敬德一车金银，并写信给他说：“愿迂长者之眷，敦布衣之交。”尉迟敬德把金银都退回去，说：“我是一个从穷家破户出来的粗人，遭逢乱世，又跟着别人造反。秦王对我有再造之恩，如今又在他府中任职，我对他只能以性命相报。我对殿下没有功劳，不敢接受这么贵重的恩赐，如果私交殿下，便是有二心。徇利忘义之人，您结交了又有什么用呢？”李建成很生气，遂与尉迟敬德绝交。尉迟敬德把这件事告诉了李世民，李世民说：“我知道你的心如山岳，就算积金至斗，也不会改变。建成送的东西，你只管接受，别担心有嫌疑！若不然，恐怕对你不利。而且也可以借此知道他们的阴谋诡计，有利于我制定良策，岂不是好事！”果然，不久李元吉就派刺客来刺杀尉迟敬德。尉迟敬德知道以后，把家里所有的门都打开，自己则睡在帐子里。刺客到了门口，绕着屋子走了几圈，不知屋里到底有什么安排，最终也没敢进去。李元吉没办法，到李渊那儿去告状，构陷尉迟敬德。李渊把尉迟敬德关进大牢，准备杀掉。又是李世民苦苦劝谏，李渊才免了尉迟敬德的死罪。

柔情胜于刚强

李世民执政时期，出现了一件这样的事。鄠县县尉游文芝告代州都督刘兰成谋反。查实之后，刘兰成被判处腰斩。刘兰成被腰斩之后，右武侯将军丘行恭径自上前，用刀剖开刘兰成的胸口，抓出他的心肝烹煮吃掉了。李世民听说以后，责备丘行恭道：“刘兰成谋反，国家自有刑法制裁，你何必要这样做！如果吃反臣心肝就是忠孝的表现，那太子和诸王就要先去吃了，哪里轮得到你呢！”丘行恭惭愧地磕头谢罪。

暴虐往往能震慑一时，令百姓噤若寒蝉，在道路上相遇都不敢打招呼。但越是暴政越不能长久，因为再残暴的人都不能使自己永远没有弱点，没有别人可攻击的地方。

李世民是儿女情长之人，他的立嗣之事相当不顺，子女们的命运更是坎坷跌宕。贞观十七年（643），太子李承乾勾结李元昌、侯君集等人谋反，准备带兵攻打西宫。当时李世民的第五子李祐在齐州造反被查出来。李承乾曾对刺客纥干承基说："我西边的宫墙，离大内只有二十步，谋划大事怎么是齐王可以比的？"后来纥干承基因与齐王也有牵连，下狱当死，就将此事告发。李世民几乎派了当朝所有高官查证此事，结果李承乾谋反事实确凿。李世民不忍杀他，只将他废为庶人，后来又把他流放到黔州。

李承乾因谋反被废后，有一次李世民到两仪殿上朝，他让其他臣子都出去，只留下长孙无忌、房玄龄、李勣、褚遂良等人，对他们说："我儿子和弟弟做出这样的事情来，我实在是觉得活着没意思！"李世民一头倒在床上，抽出佩刀打算往自己身上刺。褚遂良一把夺下刀，递给晋王李治。长孙无忌等人都跪下请求李世民再立新储。李世民说："我想立晋王。"晋王李治是李世民的第九子，长孙皇后所生的幼子。长孙无忌立即说："臣谨奉诏。如谁敢有异议，我一定请陛下杀了他！"李世民对李治说："你舅舅都答应了，还不赶快拜谢。"李治就跪下答谢长孙无忌。李世民废了李承乾，却不敢立李泰。李泰手段厉害，他担心万一哪天自己不在了，保不齐另外两个儿子就被李泰找借口给杀了。唯有立心慈手软的李治，才能使李承乾和李泰保全性命。这充分体现了父亲对儿子的柔情。

李世民对大臣也同样是一片真情。贞观二十年

（646），长孙皇后的舅舅高士廉病危，李世民到高士廉的府第去看望，哭着与他道别。几天后，高士廉去世，李世民想前去哭祭。房玄龄坚持不让他去，说："陛下大病初愈，不能哀伤过度。"李世民说："高士廉与我不光是君臣，也是姻亲啊。我听到他去世的消息，还能不去哭祭吗？你别再说了。"高士廉是长孙皇后的舅舅，是他把长孙无忌兄妹俩带在身边养大的。李渊父子起兵后，高士廉又一直跟随李世民，二人之间的感情十分深厚。李世民没有听房玄龄的劝告，带着侍卫就从兴安门出去了。长孙无忌正在高士廉的灵堂哭丧，听说皇帝马上要到，止住哭泣，立即跑到门口跪谏，迎着李世民的马头，说："皇上正在吃药，不能临丧大哭。您为什么不为宗庙苍生自重？且舅舅临终遗言，也不愿意因为自己的事枉屈圣驾。"李世民还是不听，抬步就向屋里走去。长孙无忌趴在路中间，痛哭着力谏不止。李世民无奈，又不能跨过去，只好返回。到了皇宫东苑，李世民向着南方高士廉的住所张望，泣不成声。

贞观十七年（643），侯君集因谋反下狱待斩。李世民在朝廷上问大臣："侯君集对国家功劳极大，我想让他活下来，保他一命，可以吗？"群臣都不同意。李世民无奈，对侯君集说："我要与你长别了！从今往后，只能看你的遗像了。"说完流下泪来。不久，侯君集问斩。临刑前，侯君集对监刑的将军说："我岂是会造反的人？没想到竟落到如此地步！然而我侍奉陛下之时，为国家攻灭两个小国，不管怎么说，也有尺寸之功，请您转告陛下，乞求能保全我的一个儿子，使我侯家有祭祀之人。”监刑官上奏了皇帝，李世民立即为侯君集的妻子和一个儿子免除死罪，将他们流放到岭南，侯君集的后人因此得以保全。侯君集的不义也并非一时冲动。李世民曾让李靖教侯君集兵法。侯君集对李世民说：“李靖要造反。”李世民问：“你为什么这么说?”侯君集回答：“李靖只教给我粗略的兵法，把精华之处都藏起来不教，他肯定是想造反!”李世民觉得奇怪，就拿此事问李靖，李靖说：“这是侯君集想要造反罢了。现在天下都已经平定，我所教的，已经足够他应付四境小国。侯君集想要把我的兵法全部学去，不是想造反是想干什么?”江夏王李道宗在一旁说：“依我看来，侯君集志向大而智谋小，自负有功，耻于位在房玄龄和李靖之下。我看他以后一定要作乱。”李世民不相信，说：“你们不要猜疑了。以侯君集的才能，干什么不行呢!我不是不舍得给他重权，而是论资排辈还没到他那儿。”直到侯君集勾结太子李承乾谋反事发，李世民想起李道宗的话来，对李道宗说：“果真如你所料啊!”

视臣子如兄弟

段志玄是一员猛将。早在李渊父子太原起兵时，段志玄的父亲段偃师就跟从李渊首义。段志玄当时招募了一千多名士兵跟随李世民征战，打霍邑、绛郡，他都是先锋。打潼关时，段志玄与当时的隋将屈突通对决。刘文静被屈突通的部下桑显和袭击，军队溃散。段志玄率领二十多骑赶来救援，斩杀了几十个人回去。当时段志玄被流箭射中了脚，他担心部下慌乱，忍痛不言，还反复冲入阵中杀敌。桑显和的阵列被冲散，刘文静的大军得以重新振作，最终大破敌军。最值得称道的是在讨伐王世充时，段志玄陷入敌阵被擒。两骑敌军拖着他的头发准备渡过洛水。段志玄突然跃身而起，两个骑兵反而落下马来。段志玄上马返回，敌军几百人在后紧追，却害怕段志玄的勇猛不敢靠近，眼睁睁地看着段志玄回到唐军营中。

对段志玄，李世民非常赞赏，视之为手足。武德后期，李建成、李元吉想拉拢段志玄，送给他不少金银珠宝。段志玄私下把此事告诉了李世民。贞观十年（636），长孙皇后病逝。出葬时，段志玄与宇文士及分别带着兵马把守肃章门。李世民派宫使夜间到他们的军营，宇文士及打开营门接纳了使者，而段志玄却闭门不让进，说："军门夜间不可开。"使者说："我有皇帝的手敕。"段志玄说："夜间难以辨明真伪。"然后让使者一直等到天亮才进门。李世民听说这件事以后，非常赞赏段志玄，说："这才是真将军啊，周亚夫也不过如此。"贞观十六年（642），段志玄病危，李世民到他的床前探望，哭着说：

“我要把你的儿子封为五品官。”段志玄顿首推辞，一再恳请将官爵赐予同母弟段志感。于是李世民便授段志感左卫郎将。不久，段志玄病逝，李世民亲自哭祭，赠段志玄谥号“忠壮”。

李世民对文臣杜如晦也视若兄弟。当初房玄龄向李世民推荐杜如晦时，说：“秦王府中谁都可以离开，但杜如晦不行。大王要是只想偏安一隅，他是用不上的，但是想要经营四方，图谋天下，非此人不可。”从此李世民就把杜如晦留在身边。征讨薛仁杲、刘武周、王世充、窦建德，杜如晦一直在李世民身边运筹帷幄。杜如晦剖析事理、决断策略滔滔如流，时人无不赞赏。贞观三年（629）后，杜如晦代长孙无忌为尚书右仆射，与房玄龄共掌朝政。整个国家的体制及典章制度、选拔用人，全都由房杜二人决定。提到贞观时的良相，无不以房杜为楷模。由于操劳过度，贞观四年（630）冬，年仅四十六岁的杜如晦因病去职。李世民不断派使者去探望病情，并为他派名医、求好药，但是即便如此没能挽留住杜如晦。不久杜如晦病入膏肓，李世民派太子李承乾去问候。太子向李世民回复了杜如晦的病情，李世民很难过，哭着到杜如晦的府第看望，又送布帛千段。杜如晦病逝以后，李世民恸哭良久，罢朝三日。后来李世民吃到小国进贡的美味瓜果，不禁想起杜如晦，便留下一半，派人送到杜如晦的灵前。李世民曾经赐给房玄龄一条黄金带，说：“过去如晦与你一起同心辅佐我，今日赐物，却只见到你一个人。”不禁又泫然泪下，说：“我听说鬼神都怕黄金，那也要送如晦一条。”于是派人另送一条到杜如晦的灵堂。李世民每次梦到杜如晦，醒来后都要流着泪告诉房玄龄，并派人送食物去祭奠。每年杜如晦的祭日，李世民都会派人到杜府慰问他的家人。

君臣齐心，将相合力

一个好的领导者不仅要做到个人英明，还要能将手下的人团结聚拢起来，形成合力。贞观时期吏治清明，国力恢复迅速，对外作战胜多负少，这些都与君臣齐心、将相合力以及整个决策团队的和睦密切相关。

有一次在朝堂上，御史大夫杜淹上奏说：“许多部门的文案恐怕有错漏遗失，请陛下让御史到各部去检查一下。”李世民不知是否可行，就询问封德彝，封德彝回答说：“设官分职，是让大家各司其职。谁做得不对，由御史去纠察检举就行了。若是让御史一个部门一个部门去搜查纰漏，还要那些部门的官员做什么呢？这也太过琐碎了。”杜淹在一旁听了默然不答。李世民问杜淹：“你怎么不与封德彝争论？”杜淹回答说：“天下的事务，就应当以至公之心去对待，别人说得对就应听从。封德彝所说很有道理，我心服口服，所以不去争执。”李世民很高兴，说：“如果大臣都能够像你们这样，我还有什么可担忧的!”做事不出于个人意气，看似简单，做到却不易。贞观名臣能形成这样的风气，与李世民善于调和群臣关系是分不开的。

当时房玄龄与王珪掌管内外官员的考核，御史权万纪上奏说他们考核不公。李世民一向最重视官员的考核，听到此话，立即命人去调查。魏徵劝谏说：“房玄龄与王珪都是朝廷老臣，一向以忠直受到陛下信任。他们所考核的官员很多，其中怎么会没有一两个考评不当的呢？可是他们终究不是出于私心，不是想要讨好或报复谁。如果因一事推究下去，就会让人觉得他们所有的考核都不可信，还怎么让他们担当重任？况且权万纪这个人，以前负责考核官员时，没有起用过贤能，也没有指出过官员的过失。现在他不在其位，又发这样的言论，是想激怒陛下惩治官员，并不是竭诚为国。假如追究下来，确有其事，房玄龄和王珪考评不公，提拔不正，并不能对朝廷有益；如果没有此事，陛下也失去了对大臣的信任。我只想维护现在的体制，并不是偏私房玄龄与王珪二人。”于是，李世民就把此事放下不再过问了。

文臣在朝内要团结一心，武将在外浴血沙场，更不可不同仇敌忾。李世民亲征高丽时，一边带了大将李勣与李道宗走陆路；一边让张亮乘着船，从东莱渡海，直接攻打高丽。李勣的部队先到了辽东城，高丽派了四万步骑挥师来救。这时，只有李道宗的四千骑兵去迎敌。李道宗的手下都认为敌众我寡，硬拼没有胜算，不如挖深沟、筑高墙等待大军到来再战。李道宗不同意，说："高丽仗着人多，轻敌自负，再加上他们远道而来，人马劳顿，与我军交手必败。再说，我们是前锋，就是要先清好道路等着皇帝的车马到来，哪有留着贼人给君父收拾的道理？"李勣认同李道宗的观点，果毅都尉马文举说："不遇劲敌，何以显壮士！"随即提枪越马，冲入敌阵。马文举一阵狂杀，敌军稍乱，唐军这边也人心稍安。摆好阵势以后，行军总管张君乂带兵与高丽军混战成一团，不久力不能支，向后撤退，唐军溃散，李道宗立即收拢冲散的士兵退向高处。李道宗回马向下观察，发现高丽的阵营在混战中不成队形。他立即带着几十骁骑冲入敌阵，左突右冲，杀敌甚多。李勣所带的兵马从侧面围过来猛攻，高丽大败，唐军斩杀敌军一千多人。唐军攻占辽东城，斩杀了一万多人，俘获了四万人口。

不久，唐军攻打白岩城，这一仗打得颇为激烈。高丽派了乌骨城的一万多士兵支援白岩，唐军大将契苾何力只带了八百劲骑去迎击。契苾何力以身陷阵，被长槊扎中腰部。尚辇奉御薛万备拍马入阵，单骑来救，在千军万马中杀出一条血路，硬是把契苾何力拖了回来。契苾何力气愤难当，回营在腰间束上布条又冲回敌阵。他手下的骑兵全都跟着他向前冲。一万多高丽军竟然被冲得乱了阵脚，契苾何力追杀了几十里，斩杀千余人，一直到天黑才收兵。

在乱军之中救回契苾何力的薛万备是名将薛万均和

薛万彻的弟弟。贞观七年（633），李世民曾派契苾何力、李大亮、薛万均与薛万彻征讨吐谷浑。在赤水川，薛氏兄弟率部冲在前面，被吐谷浑包围，薛氏兄弟中枪堕马，徒步而斗，士卒大多战死。契苾何力听说后，带着几百骑兵狂奔来救。他突入敌军，纵横奋击，冒死将薛氏兄弟救出来。十余年后，薛万备又将契苾何力从敌军中救出，也算是在战场上以德报德了。

契苾何力与薛氏兄弟的恩怨还另有渊源。契苾何力救回薛氏兄弟之后，听说吐谷浑王在突沦川，他想带兵前去突袭。薛万均因为受到前次失败影响，坚决不同意。契苾何力说："敌人不是守着城郭的，他们逐水草而居。现在不趁其不备去突袭，一旦受惊逃跑就难以将他们一网打尽了。"契苾何力当机立断，挑选了一千骑兵杀入突沦川，直捣牙帐，斩首数千，缴获驼马牛羊二十余万头。吐谷浑王脱身自免，契苾何力抓获了他的妻儿回营。不久，李世民的慰劳使臣到了，薛万均就诋毁契苾何力，把功劳都说成是自己的。契苾何力非常生气，拔刀而起，想杀薛万均，被诸将劝止。回到长安，李世民听说了此事，问契苾何力缘由。他陈说以后，李世民非常愤怒，要解除薛万均的官职并将其授予契苾何力。没想到契苾何力固辞，说："如果因我而解薛万均之职，诸蕃闻知，一定以为陛下厚蕃轻汉。传闻既多，就会变了样。夷狄之人无知，可能会以为汉将都是贪生怕死之辈，这对国家不利。"李世民便收回旨意。薛万均听闻后，对契苾何力十分敬佩，此后二人成为好友。

宽以待人

李世民登基伊始就十分注重国家的法治建设，在吸取前代因严刑苛法而致民怨的教训后，他大力修律，推广轻刑。法律本应是严肃的，更要严格执行。然而执法者是人，接受法律制裁的也是人，难免有人情的因素在内。施法外之恩在特定的情况下，也会有极好的劝善效果。

贞观九年（635），盐泽道行军总管、岷州都督高甑生违抗李靖的军令，被李靖奏报朝廷。有司将高甑生关入大牢，正待审查处置时，高甑生又诬告李靖有谋反之事。高甑生的诬告漏洞百出，难以自圆其说。李世民非常愤怒，下令将高甑生流放边境。有谏官进言，说："高甑生是秦府旧臣，追随陛下时间很长，辛苦征战，立有大功。请陛下宽恕他的过错。"李世民说："他虽然是我做藩王时的旧臣，劳苦功高，实不可忘，然而国家自有法制，人人都须遵守。今天如果破例，就开了侥幸逃脱法律制裁的先例，有功的人都会犯法，绝不可为。"

可是对于裴寂，李世民就是不一样的政策了。贞观三年（629），长安一个叫法雅的和尚很受恩宠，经常出入两宫宣讲佛法。后来宫廷禁止僧道进出，法雅不能再自由出入，不免心生怨恨，便说了些"妖言"，被官府抓了起来。杜如晦受命去调查，法雅对杜如晦说：“我说的这些裴寂都知道啊。”杜如晦又去问裴寂，裴寂回答说：“法雅只跟我说过什么时候会发生瘟疫，我没听到什么妖言！”裴寂因此被免官，还被削去一半食邑，并被遣返回乡。裴寂想留在长安，于是去向李世民求情。李世民说：“以你的才能和功勋，本不该位至三公。要说承受的恩泽，你算是本朝最多的了。武德之时，政刑混乱、吏治松弛，与你是分不开的。但因为旧情尚在，不对你施用极刑，让你回乡还有什么话可说？”直接拒绝了裴寂。

裴寂无奈，只得回到老家蒲州。蒲州有一个疯言疯语的人叫信行，他住在汾阴，说话妖妄不经。有一次，信行对裴寂的家童说：“裴公有做天子的命。”不久，信行死了，裴寂家的监奴恭命把信行的话告诉了裴寂。裴寂吓坏了，不敢把这话上报给皇帝。想来想去，暗地里叫来恭命，让他把传话的家童杀了。恭命没杀家童，暗地里把他放走了，裴寂却不知道。不久，裴寂派恭命去收封邑的钱粮。恭命收了一百多万钱，结果自己花光了。裴寂大怒，派人去抓捕恭命。恭命害怕，跑去官府自首，又把裴寂杀家童的事情给捅了出来。李世民得知后大怒，对侍臣说：“裴寂有四宗罪：位为三公而与妖人法雅亲密，这是第一罪；事发之后负气愤怒，称我李唐得天下是他所谋，这是第二罪；妖人说他有天子命，他隐瞒不奏，这是第三罪；暗中杀人灭口，这是第四罪。我现在要杀他不是没有理由，但大臣都说他应当流放，我还是听大家的吧。”李世民虽然盛怒，但还是饶了裴寂一命，将他流放到交州，后来又流放到静州。

不久，山羌作乱，有人向李世民汇报说：“当地山民要劫持裴寂当头领。”李世民摇头，说：“裴寂按律当是死罪，我让他活下来，对他有救命之恩，他不会这样做的。”果然，不久传来消息：裴寂率家童将当地造反的山民镇压了下去。之后，李世民回忆起裴寂当初的首义之功，又把他从静州召回。裴寂还没回到长安就去世了。李世民厚葬了裴寂，追赐他为相州刺史、工部尚书、河东郡公。

左骁卫大将军长孙顺德曾收受别人赠送的绢帛。此事被人告发后，李世民说：“长孙顺德身为外戚，又是元勋，位高爵厚，足称富贵。如果能多看些古今典籍，从中吸取教训，定能弘益国家，我与他可以共有国库，为何贪图这么一点东西呢！”李世民不仅没治他罪，还把长孙顺德叫上大殿，当场赐他数十匹绢。大理少卿胡演说：“长孙顺德枉法受财，罪不可恕，陛下怎么还要赐他绢呢？”李世民说：“他要是有人性，得到赐绢会觉得是受辱，这比受刑还要难受。如果他不知道羞愧，那就是禽兽了。一个禽兽，我杀了又有什么用呢？”

侯君集攻破高昌时，曾私取高昌国宝物，将士们知道以后，都竞相盗取。侯君集因为自身行为不正，也不敢禁止部下。此事被御史知道后，奏了侯君集一本。李世民将侯君集等人关入大牢，听候审问。此事处理起来颇令李世民头痛。侯君集破高昌有功，立下这么大的功劳却要受处罚，怎么处置才合适呢？李世民向诸臣咨询，中书侍郎岑文本说：“高昌国王昏聩不守礼法，所以陛下命侯君集去征讨。侯君集不辱使命，攻克高昌，可是回长安报功不到十天，就被抓到大理寺关起来。虽然侯君集触犯了刑律，但海内百姓恐怕还是会疑心陛下只见到他的过错，遗忘了他的功劳。”李世民说：“我并没有忘记侯君集的功劳，所以处置起来才颇费心神。”岑文本说：“我听说命将出师，主要是为了克敌制胜，将帅倘若能克敌，即使贪婪，也可以重赏；倘若失败，即使廉洁，也可以诛杀。所以尽管汉代的名将李广利、陈汤，晋代的王浚，隋代的韩擒虎，都负贪婪之罪，但是君主都按照他们所立的战功予以封赏，自古都是这样。廉洁慎重的人很少，贪婪求财的人较多。所以黄石公在《军势》中说：‘要善于使用智者、勇者、贪者、愚者，让智者乐于立功，勇者实践其志，贪者急趋其利，愚者不怕其死。’这就是既用人所长，也要用人所短。希望陛下还是要以侯君集的功劳为主，予以封赏。侯君集若能重回朝列，再为国家征战沙场，国家虽得不到一个清廉之臣，却还能得到一个贪愚之将。而且这样做，陛下虽屈法却显示了自己的恩德，侯君集等人虽蒙宽宥却更加彰显了过错。”李世民一听，立即释放了侯君集，不过也没给他封赏。这也是侯君集后来怨气颇多，对张亮放言想要造反的原因之一。但李世民不以小过而折大将，确是明智之举。

曾有人上告李世民，说大将薛万均与高昌女子私通。李世民想要严查到底，薛万均不服，坚决不承认有此事。薛万均要求同高昌女子去大理寺与告发者对质。魏徵知道此事后，就劝谏说："君对臣有礼，臣事君才会忠。陛下现在派大将军与一个亡国的妇女对辩卧房私事，就算情况属实，也不是什么大罪，如果没有此事，伤害就大了。过去秦穆公不杀盗马之人，还给他们送酒喝；楚庄王不杀趁黑拉美人衣袖的大将。他们后来都得到了这些人誓死报恩。陛下是堪比尧舜的贤君，难道您的心胸还比不上秦穆公与楚庄王吗？"李世民一听，立即释放了薛万均。

不仅对重臣，对小民，李世民也同样有宽容之心。贞观末，李世民病重，有一个齐州人叫段志冲，他上疏称皇帝应当让政于太子。太子李治听说以后，吓得愁容满面，一说话就掉眼泪。长孙无忌上疏，请求诛杀这个狂徒。李世民特地下一手诏，说："我听闻'以德下人者昌，以贵高人者亡'。因此五岳直入云霄，四海连绵无边，它们一样藏污纳垢，但并不损其高深。段志冲一介匹夫妄想天子让位，我若有罪，说明他直爽；我若无罪，说明他狂妄。这就像是一尺宽的雾想要遮住天，但是天不会因此变小；一寸长的云想要盖住太阳，但哪里能阻挡太阳的光芒呢！你建议对他动用极刑，我有所不忍，把他流放远方就可以了。"

尽收天下英雄

虽然隋朝已实行科举选拔人才，但真正通过科举走入政权核心的人还是少数，当时选官还多是靠推举。武德初的时候，东都还在隋炀帝手中，炀帝命太府卿元文都与段达等人在洛阳留守，自己躲在江都风花雪月。当时洛阳缺粮，元文都下令守城不食公粮的人，都授二品散官。于是当时洛阳商贾纷纷出粮买官，执象牙笏上朝的，不可胜数，一时成为奇观。可见当时官员的任命是相当随意的。

天下大乱，官吏的选拔当然没有定规。当政局稳定后，李世民对科举工作相当重视。有一次考试结束，考生鱼贯而出，李世民见到此景很高兴，说："天下英雄，入吾彀中矣！"就是说，天下的英雄都到了自己的手上。但是，唐初通过科举进入官场的人并不多，官员大多是从九品以下流外杂吏中选拔上来的。而且，即使考生通过了常科的考试，想要当官还需要通过吏部的铨选，而实际上大多考生都通不过这项考试。如大文豪韩愈，考中进士后，三次都未能通过吏部的选官考试，不得已才去节度使手下谋差事。

有人曾上奏说，秦王府的旧兵多年南征北战，功勋卓著，值得信任，可以把他们的武职去掉，不再上战场，全部放到皇宫中担任禁卫。李世民不同意，说："我是皇帝，皇帝要以天下为家。授予职位要以贤能与否来衡量。难道除了秦王府旧兵，就没有可以信任的兵勇了吗？你这样的建议，不能让我的德行增广，实在太褊狭了。”

唐初，经过多年的战乱，读书人大都不愿出来做官。李唐政权建立后，需要大量的士大夫参与政府管理。当时政府的官员差缺较多，尚书省下文让各州派人候选。一开始州府及皇帝特使经常使用赤牒直接任命官吏，后来参加选举的人越来越多，便废止了赤牒任命。李世民命候选人全部到尚书省参加考评，量才使用。

李世民也很重视官吏队伍的精干。他曾对房玄龄说：“官在得人，不在员多。”命令房玄龄裁并各省，留下文武官员总共六百四十三人。李世民选人时也很注意对其德行的考察，他曾对吏部尚书杜如晦说：“我近来看到吏部选官时，只按照人的文辞水平选拔，并不能完全了解对方的品行。这样的话，若有品德恶劣者，几年之后，暴露出恶迹，就算是把他杀了，也不能挽回百姓所受的危害。怎样才可以获得德才兼备的人呢？”杜如晦回答说：“两汉取士，都要看其在乡里是否德行昭著、受人爱戴，才由州郡推荐给有司。现在每年将士子集中在一起选拔，常常达到数千人，他们只要伪作忠厚，修饰一下言辞，长官是没有办法探知底细的。选官只能按才能表现去匹配相应的阶品。这样的选拔，确实不精细，所以难以得到全才。”

德与才不匹配的最典型例子当属李义府。李义府是通过科举进入官场的。贞观年间，李大亮上表向李世民推荐李义府。李义府随即参加了科举考试，在对策中表现突出，被李世民授予门下省典仪之职。后来刘洎、马周等人又屡次向李世民称赞李义府才思精密。李世民召见李义府时，随手指着旁边的鸟儿，让他赋诗。李义府稍加思索即成佳句："日里飏朝彩，琴中伴夜啼。上林如许树，不借一枝栖。"此诗表面说鸟，却将自己有志欲酬的心思说得委婉贴切，李世民大加赞赏，回答李义府道："我要将全树借给你，哪里惜一枝啊！"立即破格提拔李义府为监察御史，不久又下旨让李义府以太子舍人之职去侍奉晋王李治。

后来李治当了皇帝，李义府因为是李治的旧交，被委以重任。不过李义府为人狡诈阴险，任职期间，广结朋党，卖官鬻爵，妄行不法之事。这也算是科举选士的弊端之一：可以选出有才干的人，未必选得出有品德的人。

第八章　李世民的『灰色』面孔

酷爱狩猎

史书中曾多次记载大臣劝谏李世民罢猎之事。长孙皇后临死之前，也反复叮嘱李世民：“陛下不要老是去狩猎，不要践踏庄稼，不要耽误国家大事。”虽然李世民从来都是虚心接受，但没老实几天，就故态复萌。长孙皇后去世，他痛哭了许多天，但是没几个月就跑到洛阳打猎去了，而且连续多日早出晚归。

此事并不难理解。李世民虽然是第二代皇帝，却不是不劳而获的“官二代”，他是真正有开国之功的君王，在他身上，血性和勇猛之气是很浓厚的。如果不是这样，要想扫平天下恐怕也不大可能。不过，对那些天天以治国安邦为己任的贞观贤臣而言就麻烦了。他们时不时要在李世民面前唠叨：“陛下的身体属于国家，您要保重，不能涉险”，“古代某某贤君就不因打猎扰民”，“打猎这事儿非贤君所为，会玩物丧志”，等等。大臣们每次讲得都挺有道理，李世民也很乐于接受，但转过头该怎么玩还是怎么玩。

贞观十四年（640），李世民到同州沙苑狩猎，并亲自与猛兽搏斗，常常早出晚归。魏徵当时听说了此事，就跟李世民喋喋不休，说：“《尚书》中赞美周文王，说他不沉迷于畋猎，《尚书》的传文也说《虞箴》援引后羿的例子为好猎者戒。”魏徵还列举了汉代文帝、武帝、元帝的例子，说当时的贤臣袁盎、司马相如、薛广德都劝说皇帝不可沉溺畋猎。魏徵继续说："我想这几个皇帝，都不是木石做的，他们难道不喜欢驰骋打猎吗？然而他们能够割舍个人的爱好，听从臣下的劝谏，不再以与猛兽格斗为乐，是因为他们上要为宗庙社稷负责，下要为黎民百姓考虑。"李世民听了不好意思，给自己找台阶，说："昨天的事情是偶然，的确回来得太晚了，我并不是经常这样，以后我会注意的。"

谷那律与魏徵不大一样，他是谏议大夫，虽没有魏徵那么高的威望，不过，进谏起来也毫不客气。有一次谷那律跟着李世民出去打猎，半路上遇雨，李世民说："要是有油衣穿就不会淋雨了。"谷那律机智地回答道："要是能用瓦做就更不会淋雨了。"李世民挺尴尬，嘿嘿一笑。这话虽是讥讽，但用意却是良好。于是李世民大为称赞，奖励谷那律五十段帛，并赐一条黄金带。

相比之下，唐俭的谏议更直接有效。一次，李世民在洛阳苑狩猎，有一群野猪在树林中奔出，李世民连发四箭，野猪应声而倒。有一头体形健壮的野猪突然直冲李世民的坐骑，瞬间已经扑到了李世民的马镫前。民部尚书唐俭当时跟随李世民狩猎，见此情形吓得脸色大变。唐俭反应迅速，飞身下马，一个鱼跃扑上去抱住野猪，李世民拔出佩剑将野猪脖子刺了个对穿。李世民哈哈大笑，对唐俭说："天策长史没有见过天策上将杀贼吗？你那么害怕做什么！"想当初，被封为天策上将的李世民身着黄金甲入长安，是何等威风！他带领将士驰骋沙场十多年，杀敌无数，所以认为唐俭之举实属大惊小怪。唐俭受了皇帝笑谑，沉下脸来，说：“汉高祖在马上得天下，但不在马上治天下。陛下英明神武，平定的是天下四方，怎么能在一头野兽身上逞雄心？”李世民一想，的确是这个道理，于是罢猎而归。

宝马“控”

严格来说，李世民对于声色珍玩并不十分爱好，非要说他有什么癖好，那就是好“马”。李世民死后葬于昭陵，与长孙皇后同一墓穴。昭陵有祭殿，祭殿两侧有庑廊，庑廊的墙上有六匹战马的浮雕石刻，称“昭陵六骏”。这六匹战马在李世民平定天下的几次大战中立下战功，有的甚至战死沙场。当然，这六骏都是宝马，奔跑起来风驰电掣，且耐力极好，经得起苦战。六骏分别叫飒露紫、拳毛騧、青骓、什伐赤、特勒骠、白蹄乌。其中特勒骠在李世民攻打宋金刚时立下大功；青骓是李世民在平窦建德时所骑；什伐赤是李世民在洛阳打王世充，在虎牢关打窦建德时骑的战马；拳毛騧前中六箭，背中三箭，是李世民平定刘黑闼时的坐骑；白蹄乌为李世民平定薛仁杲时所骑。

飒露紫雕像的前面站着一位为马拔箭的将军，他是丘行恭。武德四年（621），李世民与王世充在洛阳邙山会战。一次，李世民带着几十名随从潜伏到王世充的营地侦察，被王世充的部队察觉后包围。飒露紫前胸中箭，李世民摔下马来，丘行恭赶到，将自己的坐骑让给李世民，李世民杀开一条血路，冲出重围。丘行恭将飒露紫所中的箭拔出，又徒步杀敌，突阵而归。丘行恭立下大功，因此骏马雕像前便增加了丘行恭之像，也是六骏中唯一附加人物的雕像。飒露紫阵亡后不久，李世民又得到一匹良驹。据说，李世民与窦建德对阵时，王世充的使者骑着一匹骏马远远地走出阵前，向众人炫耀。只见这匹马高大健壮、毛色栗黄，闪着缎子一般的光泽。李世民一见，大为倾心，赞叹道："真是一匹好马啊！"尉迟敬德听到李世民喜欢这匹马，立即冲入敌阵，眨眼之间便把使者和这匹黄骠马一起俘虏过来。这匹马就成为了李世民的坐骑，取名黄骢骠，后来随他出征高丽，死在途中。李世民感到十分惋惜，特地叫乐工创作《黄骢叠》，以示怀念。

李世民骑过的好马还有不少。曾有一匹马李世民特别喜爱，一直放在宫中饲养，后来无疾而终。李世民大怒，让人把养马的宫人抓来，一顿劈头盖脸的呵斥，把养马人吓得魂飞魄散。李世民发完火仍不消气，又下令把他处死。正好长孙皇后在一旁，一看李世民脾气发得过了头，赶紧跪下，说："春秋时，齐景公也是因为一匹马死了要杀人，晏子就当着景公的面数落养马人的罪过。

晏子说：‘你把马给养死了，是第一宗罪；你让国君因马杀人，老百姓听说以后，一定会抱怨君主，使国君遭民怨恨，这是你的第二宗罪；诸侯听闻此事，一定会瞧不起我国，这是你的第三宗罪。’齐景公听了，知道自己不对，便把养马人放了。陛下一定知道这个故事吧，怎么现在忘掉了呢？”李世民的脸色这才缓和过来，免除了养马人的死罪。

贞观十五年（641），西突厥更换可汗，于是李世民派了使者前往西突厥，主持册立叶护可汗的仪式。使者还没回来，李世民想起御马监很久没有补充新马了，于是又下一道旨，让还在西突厥的使者别着急返程，多带些金帛在西突厥、焉耆、龟兹等地买些好马带回。唐朝的战马品质优良，原因在于当时的战马多来自西域，或是与西域马杂交繁殖。著名的昭陵六骏中，什伐赤是一匹来自波斯的枣红马，特勒骠则是一匹突厥黄马。李世民下了诏书，正乐滋滋地等着西域的好马呢。魏徵听说了，飞快跑到李世民跟前，说：“陛下派使臣去西突厥，是以宣立可汗为名，如今可汗还没定立，您又发旨让使臣到各国去买马，西突厥的人一定认为您的用意是想买马，而不是专门为了册立可汗。这样的话，可汗就是立了也不会对我们大唐感恩；如果没立成，叶护可汗就会心生怨恨，西域其他国家听说以后，也会对大唐失去尊重。只要能使那些国家安宁，他们的马匹自然会不求而至。您听说过汉文帝退马的故事吗？有一个人向汉文帝献千里马，汉文帝说：‘我吉日走三十里，凶日走五十里，仪仗在前，车驾在后，我一个人骑着千里马有什么用呢？’于是就把千里马退回，还补上了送马人路上的花费。还有一个人向汉光武帝献千里马和宝剑，光武帝把千里马送去驾鼓车，宝剑送给手下的骑士。您现在的文治武功，都在这些帝王之上，为什么到了马这儿，就要在汉文、光武之下呢？”这话当然是既捧又拍，李世民觉得可以接受，不过还是没吱声，眼睛瞪着空气，装作没听见。不过魏徵不是点到即止的人，他不依不饶，说：“魏文帝想派人到西域买明珠，大臣苏则谏止，说：‘如果陛下惠及四海，明珠不求自至，求而得之，不足为贵啊。’陛下纵然不仰慕汉文帝的高行，难道不敬畏苏则的正言吗？”李世民这下坐不住了，于是说：“你讲得对，是我考虑不周。”于是又下旨收回成命。

除了宝马之外，李世民对鹰犬之类也多有留意。贞观中期，林邑国进贡了一只白鹦鹉。这只白鹦鹉非常神奇，不仅长得漂亮可爱，能学人语，还可以回答问题。李世民逗弄它时，它竟然说了好多遍“好冷，好冷，回家，回家”。看着小鹦鹉竟然能分辨寒热，知道思乡，李世民同情之心大起，下令让林邑的使臣带回这只鹦鹉，把它送归山林。

色而不淫

总有人拿李世民娶自己弟媳这件事来说他败坏人伦，好色到了不知廉耻的地步。其实李世民好色是有，但是娶弟媳并不能说明他乱伦。当时的突厥和其他少数民族都有这样的风俗，可汗死后，继位者可以继承除了自己生母以外所有的后妃。南北朝时期，中国分裂了四百多年，北方一直是多民族杂居，身为鲜卑后裔的李世民，又怎么会有那么多传统伦常观念呢？

李世民诛杀了李建成和李元吉以及他们的子嗣以后，放过了两家的女人。李世民的弟媳，齐王李元吉的妃子杨氏，因为美丽温柔，被李世民纳入后宫。后来，杨氏为李世民生了一个儿子。贞观二十一年（647），杨氏所生的儿子李明被立为曹王，不久李世民把李明过继给李元吉为后。

李世民共有三十五个子女，仅长孙皇后所生就有三子四女。长孙皇后去世时，李世民仅三十九岁。然而此后，后宫为李世民生下子女的，仅有杨氏一人。可见李世民在女色上绝不是荒淫无度。

总体来说李世民是色而不淫，生活并不糜烂。贞观初，有一天李世民与黄门侍郎王珪一起喝酒。李世民的身边站着一个美人服侍。喝到酒酣，李世民拉着美人坐下，问王珪："你猜这个美人是谁？"王珪说不知。李世民说："她就是庐江王李瑗的爱姬啊。"李瑗是李渊的堂弟，李渊称帝后，封李瑗为庐江王。李瑗后来曾与李建成、李元吉合谋杀害李世民，未成，又欲举兵谋反，被部下所杀。这个美人是李瑗兵败后充没入宫的。李世民说："她的经历也很传奇啊！因为貌美，李瑗上门强行索要，她的丈夫不肯，李瑗就将她丈夫杀了，把她抢入王府。这么暴虐的人，怎么会不失败？"

王珪一听，离席站起来，问道："陛下认为庐江王娶这位女子，做得对还是不对？"李世民说："哪有杀人并强抢人妻的，你还问我对错，是什么意思？"王珪说："我看《管子》中有一个故事，说齐桓公到郭国去，问郭国的父老：'郭国为什么会灭亡？'父老回答：'因为郭国国君以善为善，以恶为恶。'齐桓公说：'按你所说，他是一个贤君啊，为什么会灭亡呢？'父老说：'不是这样的。国君以善为善，但不能用善；以恶为恶，但不能逐恶，郭国于是就灭亡了。'陛下现在用这个美人侍奉左右，我想您还是觉得庐江王做得对。要不然，您就不会见恶而不驱逐。"李世民闹了个大红脸，不过，还是哈哈一笑，马上下令把这个美人送回亲族。

贞观二年（628），长孙皇后觉得后宫配置的美人不够，想充实一些。她听说前隋的通事舍人郑仁基有一个女儿，十六七岁，生得美丽绝艳，没有人比得上。长孙皇后就向李世民汇报："我为陛下找到一位绝世美女，她是郑仁基的女儿，请陛下将她纳入后宫为嫔妃。"李世民很高兴，立即下诏书，聘郑仁基女儿为充华。不过诏书下发后，策使还没出发，魏徵听闻此事，便跑来见李世民，气喘吁吁地说："陛下是天下人的父母，爱护百姓应当忧其所忧，乐其所乐。自古有道之主，都是以百姓之心为心，所以君王住台榭，就会想到百姓有无房屋；吃米食肉，就会关心百姓有无饥寒；挑选妃嫔，就会考虑百姓有无家室，这是君王应当做的。郑仁基的女儿，早就许配给姓陆的人家了，陛下却硬要把她纳入后宫，这怎么是为民父母之道呢？我是怕您这样做了，有损圣德，成为您的污点，如果被史书记录下来，就不好了。"李世民一听，大吃一惊，赶紧停止发诏。

后来在朝廷讨论此事的时候，左仆射房玄龄、中书令温彦博、礼部尚书王珪、御史大夫韦挺等人都说："郑氏女儿许配给陆家，并没有明确的证据。皇宫礼聘迎娶的仪式都准备好了，不可中止。"这时，陆氏的上表也到了，里面说："我父亲陆康在世时，与郑家经常往来，时不时地相互馈赠一些钱物，但并没有说到订婚的事。外人不知道这件事，才妄说我们郑陆二家结为婚姻之好。"大臣们一看，议论纷纷，说陆氏自己都说没有婚约，又何必让皇帝退婚呢？李世民自己也拿不定主意，他问魏徵："群臣都说按原来的圣旨聘婚，可是，陆氏为什么特意上奏说自己与郑氏没有婚约呢？"魏徵说："依我猜，他是把您当作太上皇啦！"李世民听了有些糊涂，魏徵解释说："当初太上皇攻下京城，得到辛处俭的妻子。辛处俭的妻子美貌温和，太上皇很宠爱她。辛处俭当时是太子舍人，太上皇听说以后很不高兴，就把他逐出东宫贬到万年县。辛处俭天天胆战心惊，生怕哪天保不准脑袋就不在肩膀上了。我猜陆氏认为陛下现在不追究，说不定以后暗地里会将他贬谪，所以才反复陈述自己跟郑家没有关系。”李世民大笑起来：“哈哈，别人恐怕真的会这样猜测。我现在说不追究，未必能使人信服！”于是，他发一道敕书：“今闻郑家之女已经受人礼聘，先前朕发聘书的时候没有详加审查，这是我的过错，也是有司的过错。授郑氏女充华的事立即停止。”这样大家就相信李世民真不是故意的，更不会事后报复。爱护子民之心与爱美人之心同样重要，这才是名君圣主的做派。当时朝野上下对李世民此举莫不敬佩。

不仅如此，李世民也退回过外国进贡的美女。贞观十九年（645），高丽派使者向李世民献了两个美女。结果，李世民见到美女之后便叫来高丽使者，说：“这两个女孩远离父母兄弟来到长安，离家万里，举目无亲，实在太可怜了。我要是因为爱其色而伤其心，就不合我的本意了。”无论使者说什么，李世民都不肯留下这两个美女，坚持让使者带她们回国。

门户偏见

有一次，李世民在朝堂上问太子的老师张玄素：“你在隋朝时当什么官?”张玄素回答:“我做过县尉。”李世民又问:“那没当县尉时,你又做什么官?”张玄素回答:“流外。”流外,就是指九品以下,尚未入流。李世民继续问:“具体是什么职务呢?”张玄素对此深以为耻,出殿之后面如死灰,连步子都迈不动了。因为张玄素在隋朝做过河北景城县的户曹,是级别很低的公务员,负责管理一县的户口。张玄素出门之后,谏议大夫褚遂良对李世民说:“陛下对张玄肃一再追问,实在太伤人心了!君王对臣子要有尊重和礼遇,才能使臣子竭尽其力做事。张玄素虽然出身寒微,但陛下对他的才能和学识很尊重,才把他提为三品官,又让他去辅助太子读书学习。玄素是太子之师,陛下怎么可以当着群臣的面对他的家世刨根问底,让他难堪呢?陛下这样做,使得您过去对他的恩德一笔勾销,今日朝堂之耻让他郁结于心,还怎么能指望他为国家尽忠效命?”李世民听后张口结舌,说:“唉,听你这么讲,我也后悔了!是我一时没有想周全。”

张玄素虽出身低微,但学识超凡,才干优长,深得民心。隋末大乱的时候,河北地区被窦建德占领,张玄素也被窦建德抓起来,等待处死。告示贴出后,窦建德没想到,全城有一千多人挤到县衙门口,要求代替张玄素去死。窦建德不明白怎么回事,就问:“大家都痛恨隋吏贪婪无行,各位为什么要代张玄素去死呢?”结果景城县的老百姓告诉窦建德:“张玄素这个人是放眼天下都难再找到的清廉谨慎之人,像他这样的人如果被杀掉,真是没有天理！大王要平定天下，应当对他深加礼遇，以招揽四方贤才，如今为何要杀害贤人呢？”窦建德一听，赶紧令人给张玄素松绑，并封他为治书侍御史。没想到，从刀口下逃生的张玄素并不领情，说：“我是隋朝的臣子，食隋帝俸禄，不能接受别人的恩惠。”过了一段时间，张玄素听说隋炀帝在江都被杀，才接受了窦建德委任，做了黄门侍郎。

李世民打败窦建德后，听闻张玄素的学识道德出众，便将他收入自己幕下。张玄素在李世民手下做事也一向忠于职守，克己奉公。张玄素做太子李承乾的老师，多次向李承乾劝谏，有时候甚至争吵起来，张玄素从不肯放任太子行为不轨。李世民当然很高兴太子有这么负责的老师，就擢其为银青光禄大夫。升官后的张玄素更加认真负责，时时以规范太子的言行为己任。出身低微的张玄素品行才能都是一流的，李世民并不是不知道，只是一不留神，门户陋见就冒了出来。

门户之见由来已久，魏晋南北朝时期，实行九品中正制选拔官吏。起初，家世、道德、才学都是衡量的标准，不过到后来，家世越发成为重要的标准，以致“上品无寒门，下品无势族”。隋唐时期，虽然实行科举制，但人们的士族观念还是很重。初唐时，那些山东（太行山以东）旧士族，崔、卢、李、郑诸姓自恃高人一等，一些新兴的大官僚与他们结亲还要多拿许多财货。而且，即使多出钱，还要受这些旧士族的白眼。几百年的流俗，不是容易改变的，许多人甚至修改谱牒，冒认祖宗，攀附士族大姓。

李世民对这种社会风气非常厌恶，贞观六年（632），他让高士廉、韦挺、令狐德棻、岑文本等人重新编修《氏族志》。这几个人是唐初的著名史学家，他们翻查史籍，考核真伪，又以褒忠贬奸为旨，将天下氏族分为九等，修完以后呈给皇帝。李世民一看，黄门侍郎崔民干竟被列为第一等。李世民不高兴地说："我与山东崔、卢、李、郑，旧无嫌隙，只是觉得他们世代衰微，全无官宦，仍以士大夫自居。议婚时多索财物，或者才能品德都衰薄没落了，却依然高傲自大，贩卖名号，依傍富豪，不顾廉耻！我不知道世人为什么还要以他们为贵。"李世民对《氏族志》极为不满，定了新的标准："不论前代，只取当下官品、人才为标准。要么以德行，要么以功勋，要么以文学的水平来划定地位。那些衰世旧门，有什么可羡慕的！我现在就要改革流俗，舍名取实，不许轻视我大唐的官爵而迎合世俗之情。"这样，重新修订的《氏族志》就把皇族列为第一等，外戚第二等，像崔民干一类山东旧族被降为第三等。

总的来说，李世民是一个能够量才用人、不计较出身的英明君主。他选用官吏基本上不按门第。李世民在朝堂上对张玄素的追问不是故意要使其难堪，他只是还保留了一点传统的门户观念。张玄素的尴尬也是流俗对门户观念的反映。

当然，实行了几百年的九品中正制，令门第观念得到整个社会的认同，李世民想要扭转也非一时之事，甚至他自己也会时不时地冒出门第出身的偏见来。他有一次说到关中与山东士族的不同，讲话有失偏颇。御史张行成就跪奏说："您是天子，应以四海为家，不应当东西有异，露出这样狭隘的想法。"

惑于"命理"

贞观三年（629），有一天，李世民翻阅关押收监犯人的卷宗。看到有一个叫刘恭的人，因脖子上有一个"胜"字，便在大庭广众之下自吹："这是天意啊，我当胜天下。"于是被人告发，当地官员把他抓起来，送到了大理寺。李世民批阅道："如果上天要让他兴起，不是我能够杀得掉的；如果他没有天命，'胜'字又有什么用？"官员们就依圣意，把刘恭释放了。

然而，李世民对宿命并不总是这么豁达。贞观时期，据说李世民看到过一本《秘记》，上面说："李唐到了第三代，就归一个武姓女子掌管天下。"李世民看了以后，心中颇生疑虑，就召李淳风进宫询问。李淳风是个奇士，二十多岁就在天文学方面极有成就，后来被李世民召入司天监，管理天文历算之事。在民间传说中，他的成就多在阴阳推算方面，是个大预言家。

见到李淳风，李世民立即把《秘记》拿给他，让他算算有没有这回事。李淳风沉吟一会儿，说："我据天象推算，这件事的先兆已经生成了。此人已经出生，并且进入了皇宫。从现在算起，不超过三十年，此人就会占有天下，把李唐的子孙杀光。"李世民大吃一惊，冷汗直冒，说："那我现在把疑似的宫人全部杀掉，怎么样?"李淳风说："不可以。这是上天的安排，肯定没有规避的办法。能当帝王的人是死不掉的，这样做只会枉杀无辜。而且根据天象，这个事情已经注定了。此人现在不仅在宫中，而且还是陛下的眷属，再过三十年，她应当已经衰老了。年老之人会多些仁慈，虽然江山变了姓氏，但是对陛下的子孙，或许伤害并不大。现在如果您杀了她，她就会再生，三十年后是一个少壮之人。少壮之人，与陛下有深仇，那么她以后杀起您的子孙来，恐怕一个都不会放过!"李世民说："如果是这样，我也真的没有办法啊!"从此，李世民心里就对这个预言充满了疑虑。

过了些日子，金星不断在白天出现。李世民命太史令占卜，太史令占卜的结果是"女主昌"。不久，京城里又有谣言说："女主武王，代有天下。"李世民对这个谣言非常在意，更加放心不下。

李世民手下有一个叫李君羡的左武卫将军，当时负责守卫玄武门。李世民有一次宴请宫内武官，喝酒时行酒令，谁输了就罚他说出自己的小名。结果李君羡输了，他红着脸，不好意思地说："我的小名是'五娘子'。"李世民和将士们哈哈大笑，这么勇武的大男人居然有个女人一样的小名。李世民随后心里猛惊了一下，不过还是笑道："哪有这么勇猛的小女子啊！"李世民心里一震的原因是，他想到了那个满城飞的预言。李君羡的籍贯是河北武安，又是左武卫将军，封爵武连郡公，小名五娘子，守卫玄武门，处处跟"武"都能关联上！而且，李君羡是"已在宫中"，虽然不是女人，但是小名是个女人的名字。李世民越想越不舒服，越想越觉得这个李君羡恐怕就是要夺自己天下的人。虽然李君羡为大唐立过不少战功，但李世民还是在宴饮后找了一个理由，把李君羡调出宫，派到华州当刺史去了。

蒙在鼓里的李君羡匆忙收拾行李到华州上任。因为信佛，李君羡与当地一个通晓佛法的人走得很近。此人叫员道信，自称能"绝粒"，李君羡和他时常谈论佛法，二人又常常在府邸同进同出。不久，御史弹劾李君羡，说他与妖人交通，图谋不轨。李世民一看奏章，没有片刻犹豫，立即下令诛杀李君羡。

相传李淳风的老师袁天罡也早就预测到武则天将得天下。袁天罡在武则天家做客时，看到武则天的母亲杨氏，大吃一惊，说："夫人应当是生贵子之人啊！"杨氏一听，把儿子武元庆、武元爽叫出来给袁天罡看，袁天罡看后，说："皆是贵人，官至三品，是能兴旺家业的子孙，但还算不上大贵。"杨氏就把武则天的姐姐牵出来，袁天罡说："这个女孩今后会大贵，但是会对丈夫不利。"

武则天当时还在襁褓之中，穿着男孩的衣服。杨氏把她抱出来给袁天罡看。袁天罡看到武则天后非常吃惊，说："这个孩子龙瞳凤颈，是最为尊贵之人！"但是他又说："可惜是个男孩，要是个女子，将来是要做天子的。"武家上下把他的话当作疯言疯语，自古以来，哪有女子做天子的呢？因而并未把袁天罡的话当真。

李君羡死后四十多年，武则天已是大周皇帝，李君羡的家人跑到朝廷喊冤。武则天听后，觉得李君羡也算是对自己有恩，曾替自己一死，于是下令恢复李君羡的官爵，重新礼葬李君羡。

坏了"史学"规矩

中国是一个历史记录从未间断的国家，每一个朝代兴起，都会为前朝修史。正史取材于何处呢？比如唐朝，有近三百年，等下一朝来修唐史时，已经过去十几代人了，如何弄得清历史的细节？在古代，每天有史官跟着皇帝写"起居注"，记录皇帝一天的所作所为。一个皇帝死了，下一个皇帝就将上一个皇帝的起居注编成书，称作"某某实录"。如李世民的实录，就叫"太宗实录"。每个皇帝的实录加一起，就成为下一朝修正史时撰写帝王本纪的材料。

在李世民之前，史官有一个"特权"，就是可以据实记录，而且按规矩当朝皇帝不能看史官记录的起居注。李世民由于曾“弑兄逼父”，对此一直耿耿于怀。早在贞观九年（635），李世民就想看起居注，被谏议大夫朱子奢上表阻止了。

贞观十三年（639），褚遂良为谏议大夫，兼管起居注的编写。李世民又想看起居注，有一次他问褚遂良：“你近来管理起居注，都写了些什么啊？大体上我这个当皇帝的，还能见人吧？我想看看起居注，这样也好知道自己有什么过失，提醒自己以后注意改正！”褚遂良说：“我朝的起居郎，就像古时的左右史官，专门记录皇帝的言行。他们的工作就是要将善恶都记录在案，使皇帝不敢做非法之事。我没听说过哪个帝王自己看当朝史的。”李世民还是不甘心，又问：“如果我有做得不对的事，史官一定会记下来吗？”褚遂良说：“我听说遵守道理不如遵守职责。我的职责就是拿笔记史，哪有什么不写的？”李世民尴尬地坐着，道理尽在褚遂良一边。黄门侍郎刘洎见二人僵住了，上前说：“皇帝有过失就像是太阳发生日食，月亮有了月食，人人都能见到。就算是褚遂良不记下来，天下的人都会记着。”于是这次褚遂良与刘洎共同断了李世民想看起居注的念头。

不过，这事还没完。贞观十四年（640），李世民找到尚书左仆射房玄龄问：“我常常看前代的史书，都是彰显仁善，揭批丑恶，足以成为后代的规诫。史书真是有益于治国安邦啊。不过，我不明白为什么自古以来当代的国史，都不让帝王自己看呢？”房玄龄老老实实地回答：“国史既然善恶必书，当然是希望帝王不要做非法之事，使帝王怀有敬畏之心，所以不让帝王本人见到。再说，史官不虚美不隐恶，假如皇帝本人见到，一定会发怒，所以不敢进献。”李世民说：“那我的意见跟古人很不一样。我想看当朝国史，是因为如果看到自己的善事，会继续努力去做；看到自己的不善之举，就会引以为戒，不如你将起居注摘录给我看看吧。”

房玄龄为人一向谨小慎微，做事顾全大局，但是却不如褚遂良、刘洎敢于坚持原则。于是，房玄龄退下以后，赶紧找了几个史官将起居注进行删略，改为编年体，总共编写了高祖李渊和李世民的实录各二十卷呈进。李世民看到其中写玄武门之变的事，用语隐晦，就找到房玄龄，说：“玄武门之事不必曲笔。以前周公诛杀了自己的同胞兄弟管叔、蔡叔，周朝才得以安宁；季友鸩杀了叔牙，鲁国方得到平定。我的所作所为与他们是同一个道理，我也是为了国家安定，为天下百姓的利益考量。史书写这段历史，何必把它隐掉呢？应当把那些浮词全去掉，直书其事。”李世民要求史官对玄武门之事“直书其事”，魏徵奏道：“陛下命史官正书其辞，完全符合至公之道。皇帝地位尊贵无上，可以无所忌惮，只有国史，可以对皇帝惩恶劝善。要是国史不实，后代的人还怎么看？”

玄武门之变，是后世讥讽李世民的一大污点，他毕竟是杀了自己的亲兄弟而登帝位。在李世民的心中或许真的理直气壮，把自己的所作所为看作是与周公一样的大义灭亲。但他直接干涉了史官修史。李世民启帝王看当朝史书之端，从此以后，史官想要对皇帝“善恶必书”就更加不易了。

贞观十六年（642），李世民又问褚遂良：“你掌管的起居注里，最近记录我做什么好事和坏事了？”褚遂良回答：“国家设史官，皇帝所有举动都要记录。好事一定要记录，坏事也不能隐瞒。”面对褚遂良这样犟脾气的人，李世民也没法子，只好觍颜直说：“你看我还是很勤于三件事的：一是能借鉴前代的成败，不断地改正自己的政策；二是能够选用贤良的人共同治理国家；三是能够排斥小人，不听信谗言。而且我一定能坚持下去，不会动摇。”

当然，在李世民这一朝，起居注基本上还算是“实录”。可是到了后来，帝王看当代史成了很糟糕的事情，产生的弊端完全不出朱子奢当年所料。朱子奢曾劝谏说：“陛下看起居注，自然没有什么大碍，但是这个习惯一旦传给子孙，恐怕后果难料。曾孙、玄孙之后，若没有陛下这样的智慧和心胸，想要掩饰自己的过错，维护自己的短处，史官恐怕就免不了遭刑诛。这样的话，以后的史官都会跟风顺旨，为保全自身而回避祸害，专门逢迎上意。千载之后，史书还有什么可信的！”事实上，没等到李世民的曾孙、玄孙一代，就已经出现了朱子奢所担心的事。许敬宗为了取悦唐高宗和武则天，就大肆地虚美隐恶，粉饰太平，严重破坏了历史记录的严肃性。

法外开恩

唐朝初期的法律，沿袭的是隋朝的《开皇律》。《开皇律》是一部相当周密的法典，不过，隋朝统治时间较短，统治者又暴虐严苛，这部法典本身并没有为巩固隋朝统治做出多少贡献。李世民当上皇帝以后，吸取前朝经验教训，在完善法律条款的同时，采用了较为宽平简约的政策。在平定内外战乱之后，贞观时期唐朝国内的秩序是相当安定的，有司既能够严守法律，违法必究，也能够做到不滥用律条枉杀无辜。

法律是公正无情的，不过，法律到底还是由人来执行，免不了有人情的成分。就是李世民自己，在处理案件时，也未必完全能做到一视同仁。

贞观七年（633），蜀王妃的父亲杨誉在官衙里追逐婢女嬉戏，被人告发。都官郎中薛仁方把杨誉传去询问，但没有及时处置，将他扣留在衙署里。

杨誉的儿子当时任千牛卫，负责守卫皇宫。他听到父亲出事就上殿向李世民陈诉，说："五品以上官员，不应当被扣留。因为我父亲是皇上的亲戚，薛仁方才节外生枝，不肯立即决断，故意拖延扣留。"李世民一听，大怒道："知道是我亲戚还敢故意刁难！"立即下令打薛仁方一百军杖并免官。

魏徵赶紧上前启奏道："城墙里的狐狸，社坛里的老鼠都是小东西，可是它们凭借所在的地方就有恃无恐，除掉它们很困难。何况皇家的贵戚，从汉代、晋代以来，就难以管理。到我朝武德中期，外戚的骄纵已经非常严重了，直到陛下登基，外戚才有所收敛。薛仁方既然是主管这件事的官员，他这样做也是在为国家维护法度，怎么可以对他妄加刑罚？否则就助长了外戚的私权。防患未然，这是治理国家的常道。此源一开，万端争起，再后悔就来不及了。自古以来，能严惩外戚的只有您一人。怎么能在洪水泛滥之前，就自毁堤防呢！我认为陛下这样处理，不见得妥当。"

李世民转念一想也是这个道理，于是对魏徵说："你讲得对，是我刚才没想清楚。不过，薛仁方只关押而不判决，专权不当，虽然不算重罪，也要稍加惩肃。"于是令人打了薛仁方二十大板。说到底，杨誉若非是李世民的亲家，也未必能让薛仁方受这二十大板的惩罚。

陈仓的折冲都尉鲁宁犯了法，被关进大牢。折冲都尉是府军制的军府首长，级别比县尉高。鲁宁自恃级别高，提审时大肆谩骂县尉刘仁轨。刘仁轨气不过，命令左右差役一顿乱棍，把鲁宁给打死了。州官把这事上报给朝廷，李世民很生气，下令将刘仁轨处斩。他还不解恨，问侍臣："怎么有这样的县尉，敢杀我的折冲都尉？"侍臣们也摇头不知。李世民于是下令把刘仁轨押到京城，要当面问个究竟。

刘仁轨被带到皇宫，跪在李世民面前，神色自若，并无半点惊慌。李世民怒气冲冲地问：“刘仁轨，你一个小小县尉，为何杀我折冲都尉？”刘仁轨说：“鲁宁对着陈仓的百姓侮辱我，我就把他杀了。”刘仁轨说这话时，更加神色坦然，语气坚定。李世民一时怔住，竟无言以对。魏徵走上前，说：“陛下，您知道隋朝为什么会灭亡吗？”李世民问：“为什么？”魏徵说：“因为隋末的时候，百姓恃强而欺凌官府，就像鲁宁这类人一样。”李世民一听，心想：“是啊，县尉虽小也是朝廷命官，岂能任意辱骂。”于是，李世民不仅没杀刘仁轨，反而提拔他为栎阳县丞。

党仁弘原来是隋朝将领，后来起兵响应李渊，是李唐的开国元勋。他办事干练，深受李渊父子器重。但是党仁弘比较贪财，到广州任都督时，被人举报贪污了一百多万钱，朝廷很快查实了这件事，按律当判处死刑。看到卷宗，李世民为难了。党仁弘跟着他打了多年的仗，他的两个儿子都死在战场上，党仁弘也是九死一生。难道在战场上没被敌人杀死，得天下后反而要被自己人杀死吗？

第二天，李世民走上大殿，对着群臣说：“我昨天看到大理寺的五次覆奏，要判决党仁弘死刑。我当时正准备吃午饭，立刻让人撤了筵席。虽然想为他寻一条生路，但始终没找到令人信服的理由。现在我想向诸位请求，能否曲法饶他一死?”群臣面面相觑,无人回应。李世民无奈,于是继续将党仁弘收监。

过些天,李世民召集朝廷五品以上的官员到太极殿,对大家说:“法是国君受命于天的,天子不可以因私失信。现在我有私心,党仁弘违法了,我想要赦免他。可这是违背法律的行为,有负于上天。”他望了望群臣,又接着说:“我打算去南郊住茅草房,每日斋戒,向上天谢罪三日。”看到李世民的决心这么大,大家也都默不作声。房玄龄劝谏说:“陛下掌有天下生灵的生杀大权,曲法一次,未尝不可。南郊谢罪,过于自贬,陛下尊贵,不必亲自去了。”见房玄龄这么说,群臣纷纷附和。但李世民坚决不同意,一定要去。大臣们全都跪下请命,从早晨跪到下午,李世民总算同意了。不过,他仍下了“罪己诏”,诏书中说:“我有三罪:第一,知人不明;第二,以私乱法;第三,知善不赏,知恶未诛。”于是,免党仁弘死罪,黜为平民流放钦州。

从这件事可以看出,李世民执政期间,他本人还是严守大唐刑律的,所以才会在法外开恩时如此大费周章。不过,执法中的人情实在难以完全避免,法官掌握法律的宽严也常使法律的执行出现波动。

有一次,李世民问大理卿刘德威:“近来受刑的人越来越多,到底问题出在哪儿?”刘德威老实回答说:“这完全是因为陛下,不是因为我。”李世民问:“为什么是我的原因呢?”刘德威说:“您想放宽刑律时就放宽,想苛急时就苛急。按法律条文，抓错了人要减薪三等，放错了人减薪五等。事实上并不是这样，如今抓错了人没事，放错了人就是大罪。所以官员们都为了自己的利益考虑，竞相罗织罪名，尽量抓人。不是有人教他们这样做，是他们害怕自己犯罪。陛下如果不这么苛急，宁愿放错人，也不能冤枉无辜，就不会出现这种情况了。”李世民对此深以为然，于是断狱很快又恢复平允。

“逆鳞”不可触

李世民与跟随自己一起出生入死的将士感情极深。无论他们是从敌方俘虏来的，还是主动投诚的，或者是举兵相应的，只要曾与李世民在战场上同仇敌忾、并肩作战，李世民都能给予极大的信任和尊重。不过，只有一点除外，就是当他发现对方有反意时，便会将前恩旧爱一笔勾销。

张亮早年以务农为业，隋末跟着李密造反，后来又在李勣手下为将。李勣投唐后将张亮推荐给李世民，张亮便做了秦王府的车骑将军。在李世民与太子争位时，他被李世民派到洛阳一带，暗中联络当地豪杰。当时齐王李元吉向李渊告密，说李世民派张亮去洛阳拉人马造反。李渊把他逮到长安，一番严刑拷打，张亮硬是没承认此事，从而保全了李世民。李世民后来封张亮为长平郡公、怀州总管。

张亮深受百姓爱戴，他在地方抑制豪强，体恤贫苦，治理有方。贞观二十年（646），有人告发张亮，说他讲过“有弓长之君当别都”，意思是说一个姓张的人要另立政权。本来李世民不大相信，可又有人来告，说张亮蓄养了五百壮士，都是他的义子。张亮还曾问术士：“我臂上有龙鳞突起，想举大事，可以吗？”李世民命马周调查此事，张亮申辩不服。李世民大怒，对侍臣说：“张亮养了五百个义子，明明是别有用心！他养这么多死士想干什么？”

常言道，龙有逆鳞，触之必亡。李世民晚年特别憎恨别人对他的天下生觊觎之心。于是，他下令将张亮斩首于长安西市，并籍没其家。当初在朝廷议论张亮是否有谋反之心的时候，大多数官员都说张亮当诛，只有李道裕说：“仅养五百义子就图谋造反，岂不是力量太薄弱了？这是反形未具啊！”李世民不听劝告，只因“疑似谋反”就下令斩了一位功臣。张亮可是绘图凌烟阁的开国元勋啊！何况李世民自己也知道，贞观十五年（641），侯君集对张亮说想要谋反，要知道，张亮立即就向自己汇报了。后来，侯君集跟着太子阴谋造反，也应验了张亮所讲为实。草率认定一个忠心耿耿的功臣造反，这是李世民犯的大错。

杀了张亮不久，李世民便后悔了。不久，刑部侍郎的位置空出来，李世民让吏部推荐继任者，吏部推荐了几个人他都不满意。后来，李世民自己琢磨，说："我想起谁比较合适了。去年杀张亮的时候，只有李道裕说张亮'反形未具'，他是位正人君子。当时我没有听他的话，到现在都很后悔。"于是就把刑部侍郎的官职给了李道裕。

李世民对魏徵的怀疑，更是自己的污点。魏徵曾经推荐过杜正伦和侯君集，说他们都是宰相之材。魏徵让李世民封侯君集为尚书仆射，并且说："国家应当在和平时不忘记危险的存在，朝中不可一日无大将。可以把兵马的事情都交给侯君集，让他负责掌管。"李世民当时觉得侯君集为人浮夸好表现，就没用他。后来，杜正伦犯了错被降职，侯君集又因谋反被诛。李世民心中对魏徵非常不满，怀疑魏徵与这两个人结党，或许也想图谋不轨。当时，魏徵已经去世，李世民又听谏官说，魏徵曾经把自己的谏疏拿给起居郎褚遂良看，李世民更加不高兴，于是派人把魏徵的墓碑推倒。后来李世民派温彦博去调查谏疏外泄一事，发现此事完全是子虚乌有。

推倒魏徵的墓碑后，李世民便出征高丽。高丽之战并不顺利，李世民又想起了魏徵，感叹道："唉，要是魏徵在，就一定能劝住我不去打这一仗。"想起自己还把人家的墓碑推倒了，于是赶紧命人以少牢之礼祭祀魏徵，又重新立碑纪念。

封德彝改谥一事，也是李世民心存芥蒂的表现。凡涉及自己的皇位，他的神武大度之气就要减少许多。当初李世民与太子、齐王相争的时候，封德彝曾暗地里两边讨好。李建成安排杨文干造反的事情暴露以后，李渊就想废掉太子另立李世民。当时封德彝向李渊力谏不能改立，李渊才打消想法。此事非常隐秘，李世民一直不知道。直到李渊死后，御史唐临追劾此事，李世民才知道了内幕。唐临建议将封德彝免官夺爵，但此时封德彝已死多年，百官议论纷纷，莫衷一是。民部尚书唐俭说："封德彝的罪过在死后暴露，他生前享有的恩德，已经做过的官，没有办法再夺回，不如降级追赠的官职，再改个谥号吧！"于是，李世民将封德彝的赠官免去，改谥号为"缪"，并削掉了他的封邑。"缪"的意思是错误，就是说封德彝当初没有支持李渊改立太子，是他犯的大错。

枉杀大臣

跟历史上的其他帝王相比，李世民待功臣还是很仁厚的。但是，智者千虑必有一失，圣人也有不能明察之处。因李世民骄纵独断而枉送性命的大臣就有这么两位。

贞观二年（628），交州都督李寿因贪污获罪，李世民想把瀛州刺史卢祖尚派往交州。卢祖尚文武双全，清廉公正，李世民一向信得过他。李世民把卢祖尚传上朝，交代他说："交州是大藩，离京城很远，必须要贤能的州牧管理。此前的都督都不称职，朕需要你去才行！你有安抚边疆的才略，希望不要以路远推辞。”卢祖尚见皇帝对自己如此信任，就立即答应了。没过几天，卢祖尚却后悔了，说自己打仗多年，近来旧病复发，不能赴命。李世民于是派杜如晦去劝说卢祖尚，结果他坚辞不出。无奈，李世民又让卢祖尚的妻兄周范前往劝谕：“匹夫答应的事，还要信守承诺。你曾当面答应过皇帝，怎么能反悔？你可以早点出发，三年后必定把你召回，希望不要再推辞了，皇帝一定不会食言。”卢祖尚回答说：“岭南瘴疠严重，要每日饮酒防范。我不能喝酒，去了恐怕就回不来了。”李世民听闻大怒：“我身为皇帝竟然派不动一个人，以后还怎么管理国家！”于是下令在朝堂斩了卢祖尚。

李世民的怒气平息之后，又后悔了。他与群臣讨论时问：“齐文宣帝这个人怎么样？”魏徵说：“文宣帝狂暴得很，但是与人争论的时候，自己理亏就会听从别人的话。前青州长史魏恺被派到梁国，回来后被任为光州长史。魏恺不愿去，便拖延不走。杨遵彦就上奏文宣帝，文宣帝很生气，召魏恺来问。魏恺说自己先前担任大州的长史，出使归来后有功无过，反而改任小州的长史，所以不愿前往。文宣帝对杨遵彦说：‘魏恺说得有道理，你放过他吧。’这也是文宣帝的长处啊。”李世民知道魏徵的意思，说：“是啊，你是想向我说卢祖尚的事情吧。虽然卢祖尚没有尽到做臣子的本分，但是我杀了他还是太过分了。这样说来，我还不如齐文宣帝啊。”于是，李世民下令恢复卢祖尚的官荫。

另一个死得比较冤枉的是刘洎。刘洎是李世民的重臣，他才华横溢，性情直爽，说话口无遮拦。李世民出征高丽的时候，令刘洎与高士廉、马周留在长安辅佐太子。李世民对刘洎说："我现在要出征了，你辅佐太子，关系到国家安危。你的担子很重，一定要领会我的用心。"刘洎说："陛下放心去吧，哪个大臣敢趁机犯事，我立即把他杀了。"李世民嗔怪刘洎的话，觉得他说得太过了。李世民赶紧说："君王言行不周密会失去臣下的拥护，大臣言行不周密很可能会丢掉性命。你性情粗疏，脾气又刚硬，说话一定要小心谨慎，以免日后酿成大祸。"

贞观十九年（645），李世民从高丽回来。在从定州返回的路上生了病，刘洎与马周前去拜见李世民。两人出来以后，褚遂良就问他俩皇帝怎么样，刘洎哭着说："皇帝身上长了毒疮，让人十分忧虑。"褚遂良后来向李世民诬告说："刘洎说国家的事情不足虑，他会像伊尹、霍光那样辅佐少主。哪个大臣敢有异志，杀掉就可以了。"李世民病好以后，把刘洎叫来询问，刘洎坚称自己没说，又拉马周来作证。李世民问马周，马周与刘洎所说相同，但是褚遂良仍坚持刘洎确实那样讲了。

李世民非常生气，觉得刘洎肯定说了，因为自己在出征之前就听刘洎说过类似的话，于是便赐刘洎自尽。就这样，因三言两语，且没有调查清楚就杀了一位重臣。刘洎死前，请求宪司给他纸笔，称有事要上奏，结果遭拒绝。刘洎死后，李世民知道了此事，又大怒宪司不给刘洎纸笔，严惩了相关官吏。事实上，从高丽归来的李世民真的是独断霸道，他明明知道以刘洎的性情，讲这样的话虽然不合适，但出发点并无大错。同样的话，李世民出征前并没有降罪，回来之后就听不得了，难道是因为高丽战事不顺，打了败仗而使他性情也褊狭起来？

骄兵必败

贞观十七年（643），太常丞邓素从高丽出使回来，建议在怀远镇增加戍守的士兵以威逼高丽，李世民却说："'远人不服，则修文德以来之'。没听说增加一两百戍卒能扬威绝域的。"当时李世民还一心想通过教化让高丽自动臣服。

当年九月，新罗派使者称百济攻取其国四十余城，又与高丽连兵，谋划断绝新罗入唐朝贡之路，乞求大唐派兵救援。李世民不愿意劳师动众，派了司农丞相里玄奖（姓相里，名玄奖）去做外交斡旋。贞观十八年（644），玄奖到了平壤，高丽已经打下了新罗的两座城池。玄奖派人去传李世民的谕旨，让高丽不要再攻打新罗。高丽的莫离支（相当于宰相）盖苏文一口拒绝了唐使的要求。他说："过去隋人侵略我们，新罗趁机占领了我们五百里土地。现在不是我们侵略它，而是我们要把自己的土地追回来，退兵是不可能的。"玄奖说："过去的事情，怎么可以追论！那你们现在占领的辽东几座城池，原来还是中国的郡县呢。我们还没有追究你们，你们倒向别人索要失地！”结果盖苏文没理睬玄奘。

玄奘回到长安，向李世民汇报了情况。李世民听后，又起了兴兵之心，说：“盖苏文杀了国君，迫害大臣，残害百姓，现在又违反我的诏命入侵邻国，不能不去征讨！”谏议大夫褚遂良说：“陛下现在举旗一挥中原就安定了，往四周看一眼，那些周边小国就丧胆臣服，威望可以说是很高了。可是现在要渡海远征一个小国，若是能迅速大胜还可以；万一不顺利，就折损了自己的威望。何况兴这种仇忿之兵，安危难测。”李勣不同意，说：“以前薛延陀总是入侵边境，陛下想发兵征讨，魏徵固谏陛下停兵，使得薛延陀至今还在北边坐大，成为我们的边患。要是当初用陛下的计策，灭了薛延陀，北境早就安定了。”李世民点头说：“是啊，这确实是魏徵的失误。我其实不久就后悔了，但是没有说出来，我害怕说了以后大臣们就不敢再进谏了。”于是李世民决定亲征高丽。

李世民决定亲征，先后有几人强烈劝阻：第一个是李大亮。贞观十八年（644）底，李大亮病危，临死前上表劝李世民不要去打高丽。

第二个是褚遂良。他之前就没同意，现在就更加反对亲征了。他上疏说：“天下就像是一个人的身体：两京是心腹，州县是四肢，四夷是身外之物。高丽现在罪过深重，确实应当去讨伐。但只要派两三员猛将，带着四五万士兵，仗着陛下的威名就足够了，打下它易如反掌。现在太子新立，年纪尚小，把他一个人放在京城并不妥当。您弃金汤之全，越辽海之险，以帝王之尊轻师远征，我实在是太担心了。”

第三个反对者是房玄龄。贞观二十三年（649），李世民想要第三次征高丽。那时房玄龄已经病危，他对儿子说：“我受皇帝厚恩，如今天下无事，只有东征未平。群臣都不敢进谏，我知而不言，是愧对皇恩。”于是上了一表说：“陛下现在去征高丽，是赶着无罪的士卒送命刀锋之下，实在是可怜。过去高丽不守臣节，诛杀它可以；侵扰百姓，消灭它可以；以后可能成为中国的祸患，除掉它也可以。但现在并无这三种情况，只是为了给前朝雪耻，为了替新罗报仇，这不是因小失大吗？我已经快要死了，您要是能听进我的话，我死也无憾了。”李世民亲自跑到房玄龄床前，握着他的手哭着与他诀别。

唐军第一次征讨高丽的大致情况是：贞观十八年（644）七月，李世民命营州都督张俭率兵先出击辽东以观其势；十一月，命张亮、李勣、李道宗等各率兵出征；发天下甲士，招募十万士兵，进逼平壤。李世民于贞观十九年（645）二月到洛阳，亲自统率大军出征。贞观十九年四月，李勣攻下高丽盖牟城；五月，程名振攻克卑沙城、李勣攻克辽东城；六月，唐军攻克白岩城，并在安市城东南山大败高丽军。

打下白岩城后，李世民对李勣说：“我听说安市城险兵精，建安兵弱而粮少，不如出其不意，先克建安。建安攻下，安市就在我军包围之中。”李勣说：“建安在南，安市在北，我方粮草都在辽东。越过安市打建安，粮草道路被安市阻断怎么办？御驾亲征，不可以行险策，还是逐个攻取为妥。”李世民说：“我以你为将，当然要听你的，不要误事就好。”李勣便开始布兵攻安市，于是唐军的噩梦也就开始了。

其实李勣是一个多谋善策之人，打突厥、薛延陀，处处用险兵，出奇制胜，是个十分有军事才能的将领。但是，这次带着皇帝打仗就不一样了，他的长处不能完全发挥，战争的胜负固然重要，但保证皇帝的安全更加重要。李世民都知道绕安市取建安是上策，但李勣就是不敢采用，他怕万一粮草被断，皇帝会陷入危险。

守城是高丽的长项，而且安市又是高丽守备力量最强的城市。安市被李勣大军团团围住，守兵只要看到李世民的旗帜就在城楼上敲鼓大骂。李世民大怒，对李勣说：“等我攻下城来，要把安市所有的男子都给活埋了！”安市人听说以后，人人自危，拼死坚守，昼夜巡查，不敢有丝毫放松。

唐军将各种攻城手段都使了出来，飞石车、云梯、巢车轮番上阵，安市人也不含糊，城墙破了就堵上，敌人登上来就砍杀。唐军围了许多天，硬是没有丝毫进展，打不开一个突破口。江夏王李道宗急了，想出一个笨办法，带着士兵在安市东南筑了一个大土堆，不断地升高加大，像座小山一样。安市人一看，也不断地垒高城墙。唐军分批攻打城门，每天攻六七次，推着冲车撞城墙，发射炮石砸城墙。而城墙毁坏后，安市的守兵立即拿木栅塞住，双方僵持不下。

一次李世民巡营，听到安市城里传出杀鸡杀猪声，对李勣说："围城这么长时间，城中煮饭的炊烟都很少见了，今天鸡和猪在叫，一定是守将在犒劳士兵，想晚上出来袭击我们，务必要严加防备。"这天晚上，果然好几百个高丽士兵从城墙上垂下绳子偷袭唐军。早有准备的李世民指挥士兵冲上前一阵狂砍，当场杀死数十个高丽士兵。从此以后，高丽人再也不敢偷袭了。

李道宗仍指挥士兵连夜筑山，总共用了六十天，花了五十万人工！山顶离安市的城墙仅有数丈远，从山顶向下完全可以俯视城内。李道宗派了傅伏爱带兵守在山顶，以防备敌人来袭。一天晚上，土山突然崩塌，倒下的土石压倒了安市的城墙。这可是千载难逢的杀进安市的好机会！结果，傅伏爱当时偏偏不在军中，守卫的士兵手足无措。高丽数百守兵从缺口冲上土山，反而把土山占领了。之后，高丽士兵又把城墙与土山连成一体，挖了壕沟把守。土山反而成了安市的碉堡！李世民气得发狂，二话不说，将傅伏爱斩首示众。又命诸将向土山发起冲锋，试图夺回来，安市人拼死拒守。结果，整整打了三天，唐军硬是没攻下来。李世民无可奈何。李道宗光着脚去李世民旗下请罪，李世民说："你本应当要处死，但是我想，汉武帝杀王恢，不如秦穆公用孟明。何况，你还有破盖牟、辽东的功劳，我就赦免你一次吧。”

当时辽东已经很冷了，草枯水冻，士兵及战马都不适合久留，而且粮食也快吃光了。李世民只得下令班师回朝。他让李勣、李道宗率四万人殿后，自己带主力回朝。十月，唐军行到蒲沟，渡渤错水时突遇暴风雪，士卒死伤甚多。

征高丽一战，唐军总共攻下十座城池，把辽州、盖州、岩州的七万人纳入中国。新城、建安、驻跸三大战，共斩敌四万多。唐军这边，战士死了将近两千人，战马死了十之七八。这不能算是败仗，但是与当初想要用几万人一举歼灭高丽的计划相去甚远。李世民非常后悔，叹息道：“要是魏徵在，一定能阻止我打这一仗！”

此次出征失利，与李世民自负轻敌有很大关系。在出征前，前隋宜州刺史郑元璹已经退休。李世民因其曾跟从隋炀帝征高丽，就把他召来问话。郑元璹劝谏道：“辽东道远，粮运艰难，而且高丽人善于守城，很难快速攻下。”李世民不屑地说：“今日非隋时可比，你就等着听捷报吧！”

回长安以后，李世民身体状况急转直下，此后没有再亲自出征。不过，他听取了大臣的建议，改派小股部队轮流侵扰，使高丽人疲于奔命，无暇耕作。如此，数年之间，高丽人心自然涣散，鸭绿江以北可以不战而取。贞观二十一年（647），李世民派牛进达带万余人从海上进攻。李勣带三千人从营州取道新城攻入高丽。贞观二十二年（648），又派了薛万彻带领三万余人及战舰去高丽扫荡。这个策略显然有效，不过，李世民没能亲眼看到高丽被灭。唐高宗总章元年（668），七十五岁的老将李勣终于带领唐军一举攻克高丽都城，生擒高丽王。此时，距李世民亲征辽东，已经过去了二十余年。

生得伟大，死得“糊涂”

早在贞观二年（628），李世民就对侍臣说：“神仙本是虚妄，空有其名。秦始皇一心以为有神仙，才会被方士欺骗。他派几千名童男童女跟着方士到大海里去寻仙，方士为了逃避秦朝的苛政，便一去不回。秦始皇还在海边徘徊等待，实在等不到才回宫，还没到沙丘就死了。汉武帝为求仙，更是把自己女儿嫁给方士，结果神仙之事没有应验，便把方士杀了。从这两件事来看，神仙没必要妄求！”

贞观六年（632），李世民又对侍臣讲祥瑞不可信，他说：“我见大家都认为祥瑞是美事，最近有很多奏表都说见到了祥瑞，应当庆贺。我想，只要天下太平，家给人足，就算没有祥瑞，我也可以与尧舜比德；如果百姓饥寒交迫，外族入侵，就算大街小巷全是灵芝仙草，凤凰住满了山野，我与桀纣那样的昏君又有什么区别呢？

隋文帝杨坚最喜欢祥瑞，派秘书监王劭穿戴整齐，在朝堂读诵《皇隋感瑞经》。我以前听说此事，就觉得可笑。当帝王的，应当勤政爱民，得天下人的欢心，要祥瑞有什么用呢?”李世民还下令：“今后诸州所有祥瑞，都不用再上奏。”

古人总是将一些不常见的事物与灾难相联系。贞观八年（634），陇右发生山崩，经常有大蛇出现。当地人深以为怪。同时，山东及江淮等地都发了大水。李世民觉得蛇与大水或许是异兆，他便询问侍臣，秘书监虞世南回答说：“春秋时，梁山崩塌，晋侯召伯宗来问，伯宗说：‘你只要停止宴乐，脱去上衣请罪，再设礼祭山就可以了。’晋侯听了他的话，果然没有再发生灾害。汉文帝时，齐楚之间有二十九座山同一天崩塌，汉文帝让各郡国不要再进贡物品，施惠于天下，也就没有发生其他的祸患。后来汉灵帝时，青蛇出现在皇帝的龙椅上；晋惠帝时，有一条长三百步的大蛇出现在齐地，并爬到集市里。按理说蛇应当在草野中，但它爬入闹市，所以人们才觉得奇怪。现在大蛇出现在深山，而深山大泽，本来就是有龙蛇的地方，并不奇怪。另外山东的大雨，虽然不足为怪，但是下这么长时间，恐怕是有冤狱。我想这是天意，应当慎重审理囚犯，或许可以符合天心。自古妖不胜德，修德便可以消除异变。”

太史令傅奕精研术数，但是他本人却不相信怪力乱神。据说，当时有一个西域僧人在长安表演法术，此人善念咒语，能让人马上死掉，再念咒语，又能使人复活。李世民听说以后，挑了几个精壮的士兵试验，果然如传言所说，士兵们死后又活过来。李世民非常惊异，便将此事告诉了傅奕。傅奕说：“这是邪术。我听说邪不胜正，你让他来咒我，我保证死不掉。”李世民很好奇，就派人把僧人传到皇宫，让僧人对傅奕施法。只见僧人念念有词，傅奕若无其事地坐着，似乎毫无感觉。而僧人的脸上开始发青，脸色越来越难看。过了一会儿，僧人突然“扑通”倒在地上，就像被大棒打中了脑袋。再一摸他的身体，已经僵硬了。李世民曾经问傅奕：“佛法非常玄妙，有很多可学的道理，而且因果报应很明显，屡有征验。怎么唯独你不明白佛理呢？”傅奕说：“佛本是胡人中的狡黠之徒，起初在西域欺诳夷狄，渐渐传入中国，中国的邪僻之人把它和庄子、老子的玄谈融合在一起，又文饰一些妖妄之语，用来欺骗愚蠢之人。这对百姓无益，对国家有害。所以不是我不明白，我只是鄙视它，不愿意学而已。”

贞观二十二年（648），王玄策攻破天竺后，俘虏中有一名方士叫那罗迩娑婆寐，他自称已经二百岁了，有长生不老之术。王玄策一听，就把他带回长安献给李世民。李世民当时正身患重病，身体每况愈下。那罗迩娑婆寐对李世民夸口说：“我活二百多岁是因为能够配制一种延年益寿的灵丹妙药。”可能是病急乱投医，李世民一下被迷住了。给他设了专门的馆舍，并派许多人去采药挖石，命兵部尚书崔敦礼直接监管此事。几个月之后，延年药终于炼成了。

李世民服下丹药之后，却疾病加剧。贞观二十三年（649）三月，李世民撑着病体来到显道门外，宣布大赦天下。大赦之后，命太子李治听政，自己到翠微宫休养。五月，李世民已经完全不能动了。李治天天跟着李世民，哭得眼睛都睁不开，头发也开始变白。李世民也泪流不止地说："看你能如此孝爱，我死也没有遗憾了。"他召来长孙无忌想交待些话，用手摸着长孙无忌的脸，却说不出话来。看到曾经雄姿英发的李世民成了这个样子，长孙无忌痛哭不止。过了几天李世民能说话了，召来褚遂良和长孙无忌，交待道："从今以后，我的事情都托付给你们了。太子仁孝，你们都知道，要好好辅佐他！"又对太子说："有无忌和遂良在，你不用担心天下！"便让褚遂良写下遗诏。过了一会儿，李世民闭上眼睛——这位伟大的帝王溘然长逝。

人终要一死，英雄也不能例外。只可惜如此一位英明的帝王竟然迷信丹药，加剧病情，导致身亡。李世民死时年仅五十三岁，如果能多活一二十年，唐朝的国力应会更为强盛，以后的安史之乱和藩镇割据或许不会发生。只是历史不能推倒重来，无法假设。

图书在版编目(CIP)数据

李世民传/张秀玉著.—长沙:岳麓书社,2020.10

ISBN 978-7-5538-1045-4

Ⅰ.①李… Ⅱ.①张… Ⅲ.①李世民(599—649)—传记 Ⅳ.①K827=421

中国版本图书馆 CIP 数据核字(2018)第 249169 号

LI SHIMIN ZHUAN

李世民传

作　　者:张秀玉

责任编辑:李郑龙

责任校对:舒　舍

封面设计:贺红梅

岳麓书社出版发行

地址:湖南省长沙市爱民路 47 号

直销电话:0731-88804152　0731-88885616

邮编:410006

版次:2020 年 10 月第 1 版

印次:2020 年 10 月第 1 次印刷

开本:850mm×1168mm　1/32

印张:8.5

字数:160 千字

书号:ISBN 978-7-5538-1045-4

定价:48.00 元

承印:长沙鸿和印务有限公司

如有印装质量问题,请与本社印务部联系

电话:0731-88884129